Ein fernes Land

Franco Moretti

EIN FERNES LAND

Szenen amerikanischer Kultur

Aus dem Amerikanischen übersetzt von
Bettina Engels und Michael Adrian

Konstanz University Press

Die amerikanische Originalausgabe erschien 2019
unter dem Titel *Far Country. Scenes from American Culture* bei Farrar, Straus and Giroux (New York).

Bibliografische Information der Deutschen Nationalbibliothek

Die Deutsche Nationalbibliothek verzeichnet diese
Publikation in der Deutschen Nationalbibliografie;
detaillierte bibliografische Daten sind im Internet über
http://dnb.d-nb.de abrufbar.

© Konstanz University Press 2020
www.k-up.de | www.wallstein-verlag.de
Konstanz University Press ist ein Imprint der
Wallstein Verlag GmbH

Vom Verlag gesetzt aus der Chaparral Pro
Umschlaggestaltung: Eddy Decembrino
Druck und Verarbeitung: Hubert & Co, Göttingen
ISBN 978-3-8353-9118-5

Inhalt

1 **Lehren in Amerika** 7
Stanford, Salerno • Abhilfe • Himmel-und-Hölle • Form gegen Form • Petite phrase • Kräftediagramm • Autonome Potenz • Belle Époque • Eine Literatur für Amerika • Klarheit • Absätze • Wunder und Kritik • Unterrichts-Shoppen

2 **Walt Whitman oder Charles Baudelaire?** 31
Entzauberung • Kein Mensch will heute mehr Lyrik • Alles verschlingende Zeilen • Freier Vers • Amerikanischer Raum • *Faits divers* oder Vermischte Nachrichten • Gespenster • Dissonanz • Einfachheit

3 **Prosa und Geschichte in »Großer doppelherziger Strom«** 57
Eisberg • Die Menschen waren verstummt • Vierzehn Wörter • Ununterbrochene Gegenwart • Know-how • Wörter und Dinge • Nichts konnte ihm etwas anhaben

4 **Tag und Nacht: Über den Kontrapunkt von Western und Film noir** 77
Tag und Nacht • Westen • Planwagentreck • Sieben • Stadt-Bändiger • Legitimer Einsatz physischer Gewalt • Schatten • Spiegellabyrinth • Der Dritte • Die Prosa der Welt • Was meine ich? • Hegemonie

5 **Kausalität in *Tod eines Handlungsreisenden*** 109
Amerikanische Tragödie • Rücksicht muss genommen werden • Menschen im Büro • Die Hauptstadt von Alabama • Gegeneinander • Während das Auto wegrast • Miller vs. Miller • Boston

6 **Amsterdam, New Amsterdam** 123
Der Geschichtenerzähler • Schlafendes Mädchen, Briefleserin in Blau • Automat • Raum und Fenster • Man konnte, so schien es,

nichts tun · Zeit vergeht · Fließband · 4. August 1962 · Pseudoindividualität · Solange es schwarz ist

Nachweis der Abbildungen   147

1 Lehren in Amerika

I.

Stanford, Salerno. Hinter diesem Buch stehen zwei Universitäten: Stanford, wo ich im Frühjahr 2016 mein letztes Seminar gehalten habe, und Salerno, wo ich im Herbst 1979 mein erstes gab. Unterschiedlicher können zwei Orte kaum sein. Stanford ist die reichste Privatuniversität der Welt, mitten im Silicon Valley; Salerno war eine unbedeutende staatliche Universität nahe dem *osso d'Italia*: dem abgenagten Knochen, einer kargen Gegend, die durch das Erdbeben von 1980 noch weiter verheert wurde. In Stanford kommen viele Studenten von Elite-Highschools, und wenn sie sich für englischsprachige Literatur interessieren, steht ihnen ein Fachbereich von dreißig Vollzeit-Professoren zur Verfügung; an die Universität von Salerno kamen sie aus Schulen, in denen es eigentlich an allem fehlte, und das gesamte Anglistische Seminar bestand aus zwei unerfahrenen Dreißigjährigen. Wegen eines kapriziösen Heizungssystems lernte ich in jenem Winter vor vierzig Jahren, die Vorlesungen im Mantel vorzutragen, vor einem Raum voller Mäntel; in Stanford wäre so etwas völlig unvorstellbar. Und so weiter, und so weiter. Eine Gemeinsamkeit aber gab es: An beiden Orten schienen die Studenten sehr wenig über Literaturgeschichte zu wissen. Dagegen musste etwas getan werden.

Abhilfe. In Stanford beschloss der Fachbereich für Englische Philologie, einen ganzjährigen Kurs – »Literaturgeschichte« – anzubieten, der als allgemeine Einführung in die englische und amerikanische Literatur dienen und in jedem Quadrimester von einem anderen Team unterrichtet werden sollte.* In den Diskussionen, die dieser Entscheidung

---

* Der dritte Teil des Kurses, an dem ich mitwirkte, wurde ursprünglich

vorausgingen, beschrieben einige Kolleginnen das Ziel des Kurses mit dem Wort »remedial« (*abhelfend* oder *heilend*). *Remedium*: die Wiederherstellung der Gesundheit nach einer Krankheit (die Wurzel des Wortes, *mederi*, ist dieselbe, von der sich auch »Medizin« ableitet); wie jemand sagte: Bringen wir ihnen bei, was sie an der Highschool nicht gelernt haben. Und natürlich versteht man diese Logik, doch die Jahre in Salerno, wo alles definitiv zum Schlechteren bestellt war, hatten mich gelehrt, dass entscheidend nicht das ist, was wir nicht wissen, sondern das, was wir wissen und *wie* wir es wissen. Die Studenten wissen wenig? Dann geben wir ihnen mehr. Wenn sie keine Ahnung von Lyrik haben, dann schauen wir doch mal, was passiert, wenn man die Grundbegriffe von Poesie und Prosa, eine Analyse von Whitmans »Song of Myself« (»Gesang meiner selbst«) und ein paar Gedanken zu Lyrik und Moderne in eine einzige Vorlesung packt. Zu viel in zu kurzer Zeit? Natürlich! Aber genau dafür ist die Universität da: möglichst mehr zu tun, als gemeinhin für vernünftig gehalten wird. Unterricht als Wette; gerade nicht die Vermittlung dessen, was man angeblich über ein Studienfach wissen muss. Oder zumindest habe ich die Aufgabe, mit der man mich betraute, in dieser Weise (miss-)verstanden und in diesem Geist den Kurs unterrichtet und das vorliegende Buch geschrieben.

II.

Himmel-und-Hölle. Mit seinen sechzig bis siebzig Studenten war »Literaturgeschichte« für Stanforder Verhältnisse ein großes Literaturseminar. Eine Vorlesung, genau wie in Salerno. Seitdem aber hatte sich etwas verändert.

von mir (für die Zeit zwischen 1850 und 1914), Nicolas Jenkins (1914 bis 1945) und Ursula Heise (1945 bis zur Gegenwart) unterrichtet. Später wurde die Zahl der Dozenten erst auf zwei (mich und Mark McGurl) und schließlich auf einen reduziert.

Damals hatte ich wirklich einen fortlaufenden *Kurs* unterrichtet: eine zusammenhängende 200-stündige Reflexion über den europäischen Bildungsroman, die sich im Laufe von zwei (unvergesslichen) akademischen Jahren langsam, aber stetig entfaltete. In Stanford beschloss ich von Anfang an – doch es war eigentlich noch irrationaler: ich fühlte mich von Anfang an dazu *gezwungen* –, dass jede anderthalbstündige Vorlesung für sich stehen sollte. Der Mangel an Kontinuität war beabsichtigt, ja geradewegs Programm: Zwischen der ersten Vorlesung über »Poetische Form und die Erfahrung der Moderne« und der Wiederkehr des Themas einen Monat später gab es zwei Vorlesungen über »Das moderne literarische Feld«, zwei über »Stil und Sozialisation«, eine über »Radikalen Modernismus« und eine über »Die moderne Metropole und die Form des Romans«. Sechs Sitzungen lagen zwischen den ersten beiden Vorlesungen über das literarische Feld und der dritten; sieben zwischen der ersten Vorlesung über den Roman und die Großstadterfahrung und der zweiten. Diese Himmel-und-Hölle-Anordnung passte optimal zu den beiden Aspekten der Literaturgeschichte, die ich hervorheben wollte: zum einen die Beharrlichkeit einiger weniger Hauptfragen zu erkennen, die über Generationen dieselben blieben (welche Art von *Plot* erlaubt uns, die Struktur einer modernen Stadt zu »sehen«? Kann es in der kapitalistischen Welt noch Tragödien geben?); andererseits zu verstehen, wie vielschichtig die Antworten ausfielen, die im Laufe der Zeit darauf gegeben wurden. Janusgesichtig oszillierte jede Vorlesung zwischen der Stabilität der Literaturgeschichte und den Erdbeben, die von Zeit zu Zeit ihre Landschaft umpflügten.* Das war

---

* Viele vollkommen unterschiedliche Einflüsse hatten zu diesem Geschichtsbild beigetragen: Als – strikt literarische – Initialzünder fungierten der russische Formalismus und der Strukturalismus der 1960er Jahre; bei meinen Streifzügen durch die Naturwissenschaften begegnete ich später Goulds und Eldredges »Theorie des durchbrochenen Gleichgewichts« sowie Thomas Kuhns »Paradigmenwechseln«; in den letzten

nicht die Art von Literaturgeschichte – ein Autor nach dem anderen, in einer langen, ununterbrochenen Reihe –, die zu Zeiten meines eigenen Studiums gelehrt wurde: wo die Kontinuität so umfassend und »natürlich« war, dass sich weitere Erklärungen zu erübrigen schienen. Das unregelmäßige Schachbrett, das ich meinen Studenten vorlegte, war allzu seltsam, um für selbstverständlich gehalten zu werden. Die Literaturgeschichte war zu einem Problem geworden, das nach einer Lösung verlangte.

Form gegen Form. »Whitman und freier Vers« lautete der Titel der ersten Sitzung über Lyrik und Moderne; angesichts der Tatsache, dass die Aufspaltung in zwei unvereinbare Konzeptionen der modernen Poesie die Pointe der Vorlesung war, wäre »Walt Whitman oder Charles Baudelaire?« der passendere Titel gewesen. Und so ging es, Sitzung für Sitzung; jedes Thema spaltete sich auf und erzeugte einen Gegensatz. Das Vergnügen der frühen Massenkultur konnte die Form eines billigen, anonymen Groschenromans annehmen oder die einer Sherlock-Holmes-Geschichte im *Strand*; das Vergnügen der Abenteuergeschichten der 1950er Jahre die sonnenlichtdurchflutete Weite eines Westerns oder die schlecht ausgeleuchtete Klaustrophobie eines Film noir. Manchmal überspannte der Gegensatz zwei aufeinanderfolgende Vorlesungen (freie indirekte Rede/Bewusstseinsstrom; Gertrude Stein/Virginia Woolf; *Endspiel/Tod eines Handlungsreisenden);* in der Abschlussvorlesung über das Goldene Zeitalter der Niederlande und die amerikanische Malerei des 20. Jahrhunderts umfasste er gar mehrere Jahrhunderte. In jedem Fall entpuppte sich der Konflikt als Schlüsselmechanismus der Ge-

---

Jahren wiederum ist Brechts Konzeption des »epischen Theaters« – in dem »jede Szene für sich steht«, sich die Geschichte durch »Sprünge« fortentwickelt und die Bedeutung des Ganzen nur durch die »Montage« disparater Elemente erfasst werden kann – sehr wichtig für meine Einstellung zu diesen Fragen geworden.

schichte, die ich zu lehren versuchte; natürlich der Konflikt zwischen vermeintlicher Hochliteratur und Schundliteratur, genauso aber der zwischen Texten, die dieselbe Nische des literarischen Felds bewohnten, wie Henry James' »Das Tier im Dschungel« und James Joyce' »Die Toten«. Überall herrschte Antagonismus; und zwar durch das Medium der Form. Für Whitman erforderte moderne Lyrik ein Höchstmaß an Einfachheit; für Baudelaire ein Höchstmaß an Komplexität: Form gegen Form. »Dashing Diamond Dick« versuchte, ein breites Publikum durch unzweideutige und exzessive Sprache zu erobern; »Das gesprenkelte Band« durch Mehrdeutigkeit und Dezenz. Form gegen Form. Um die Logik hinter diesem Konflikt zu verstehen, wurden in jeder Vorlesung drei miteinander verbundene Aspekte der literarischen Form untersucht: ihr Gebrauch von Sprache und Rhetorik; der historische Kontext ihrer Entstehung; und ihre potenzielle Attraktivität für ein zeitgenössisches Publikum. Technik, Geschichte und Vergnügen: das »Wie«, das »Warum« und das »Wozu« der Literatur. Es war ganz egal, von welchem Ende man das Argument aufrollte: Die Diskussion über den Stil der freien indirekten Rede nahm ihren Ausgang von ein paar Sätzen bei Austen; die Diskussion über den Bewusstseinsstrom zwei Tage später begann mit Simmels Soziologie des Großstadtlebens; die Vorlesung über Vermeer fing mit einer Erzählanalyse seiner häuslichen Szenen an, die über Rembrandt mit der Textur der Haut seiner Selbstbildnisse. Solange alle Aspekte der Form einbezogen wurden, um der Komplexität dieses Begriffs gerecht zu werden, spielte der Ausgangspunkt keine Rolle. Komplexität, nicht Vollkommenheit: In ihrer Verpflichtung auf ganz unterschiedliche Gebote und in ihrer Verstrickung in die endlosen Kämpfe des literarischen Felds sind große Formen notwendigerweise kontingent, vorläufig – »problematisch«, um einen Schlüsselbegriff des frühen Lukács zu gebrauchen. Dass ihnen, obwohl sie an so zahlreichen Fronten im Einsatz sind, tatsächlich so viel gelingt – darin besteht ihre Größe, nicht in einer vermeintlichen Vollkommenheit.

Petite phrase. »Jede Form«, so lautet eine denkwürdige Stelle in der *Theorie des Romans*, »ist die Auflösung einer Grunddissonanz des Daseins«.* Als der Erste Weltkrieg Millionen von Männer in eine anhaltende Schockstarre versetzte, fand Hemingways Schreibstil eine Antwort auf (wenn auch nicht gerade eine »Auflösung« für) das Trauma, das sie durchlitten hatten. Hier erweist sich die technische Seite der Form – zum Beispiel Hemingways spektakulärer Gebrauch von Präpositionalphrasen – als wesentliches Element der Vermittlung zwischen der historischen Welt und dem Lesevergnügen. Und wenn »Präpositionalphrasen« ein wenig esoterisch klingt ... so trifft dies durchaus zu und ist beabsichtigt. Denn so arbeitet die Form: mit Mitteln, die oft mikroskopisch klein und kaum zu erkennen sind. (Was zufälligerweise auch der Grund ist, *warum* sie funktionieren: Da sie im Verborgenen bleiben, stören die mikroskopischen Mittel nicht die Unmittelbarkeit unseres Vergnügens.) Nicht jedem gefällt diese Art und Weise, die Form (bezie-

---

* Georg Lukács, *Die Theorie des Romans* [1920], Frankfurt a. M. 1971, S. 52. Mit dieser Ansicht steht Lukács nicht alleine da; Kenneth Burke definierte Kunstformen bekanntermaßen als »Lebens-›Strategien‹« (*Attitudes Toward History*, 3. Aufl., Berkeley, CA 1937, S. 43), während George Kubler schrieb: »Jedes bedeutende Kunstwerk kann [...] als die schwer erarbeitete Lösung eines Problems [angesehen werden]« (*Die Form der Zeit. Anmerkungen zur Geschichte der Dinge*, übers. von Bettina Blumenberg, Frankfurt a. M. 1982, S. 71). Auf Lévi-Strauss' *Strukturale Anthropologie* aufbauend definierte Fredric Jameson das Erzählen als »die imaginäre Auflösung eines realen Widerspruchs« (*Das politische Unbewusste. Literatur als Symbol sozialen Handelns*, übers. von Ursula Bauer, Reinbek bei Hamburg 1988, S. 69). Michael Baxandall wiederum befand: Um ein Bild historisch zu verstehen, »versuchen wir, sowohl das spezifische Problem zu rekonstruieren, das mit dem Bild gelöst werden sollte, als auch die spezifischen Rahmenbedingungen, unter denen der Produzent des Bildes sich dem Problem zugewendet hat« (*Ursachen der Bilder. Über das historische Erklären von Kunst*, übers. von Reinhard Kaiser, Berlin 1990, S. 48).

hungsweise einen ihrer Aspekte) und die historische Erfahrung (beziehungsweise einen ihrer Aspekte) miteinander zu verbinden. Als Walter Benjamin seinen Aufsatz über »Das Paris des Second Empire bei Baudelaire« an die Zeitschrift des Instituts für Sozialforschung schickte, lehnte Adorno ihn wegen der »krasse[n] und raue[n]« Verbindung, die in dem Aufsatz zwischen »der Baudelairesche[n] Formwelt« und »der Notdurft des Lebens« hergestellt wurde, mit dem Kommentar ab,

> daß ich es für methodisch unglücklich halte, einzelne sinnfällige Züge aus dem Bereich des Überbaus »materialistisch« zu wenden, indem man sie zu benachbarten Zügen des Unterbaus unvermittelt und wohl gar kausal in Beziehung setzt. Die materialistische Determination kultureller Charaktere ist möglich nur vermittelt durch den *Gesamtprozeß*.*

Mangels einer solchen totalen Vermittlung, so schloss Adorno, würden sich Arbeiten wie die Benjamins »an der Schnittstelle von Positivismus und Magie [wiederfinden]. Diese Stelle ist verhext …«. Eine großartige Formulierung – aber unzutreffend. Kontingent wie Formen sind, mögen manche ihrer Elemente leicht eine gewisse Autonomie gewinnen, und sie (nahezu) isoliert zu analysieren, ist absolut legitim; außerdem ist es selten die Gesamtstruktur eines Werks, die unsere Aufmerksamkeit fesselt und in unserem Gedächtnis haften bleibt; weit häufiger ist es etwas sehr viel Kleinteiligeres, wie z. B. Vinteuils »petite phrase« für Swann oder Vermeers »petit pain de mur jaune« für Bergotte (und man beachte die beiden »petit/e«, womit Proust nonchalant andeutet, wie *wenig* nötig ist, um bei uns eine

---

* Theodor W. Adorno, Brief vom 10. November 1938, in: ders., Briefe und Briefwechsel, Bd. 1: *Theodor W. Adorno – Walter Benjamin. Briefwechsel 1928–1940*, Frankfurt a. M. 1994, S. 367 f.

emotionale Reaktion auszulösen). Daher ein wiederkehrender Aspekt der »Literaturgeschichte« und nun auch dieses Buches: das Herauspräparieren »einzelner auffälliger Züge« (eine Metapher, eine Episode, eine grammatische Struktur) des in Frage stehenden Werkes; die Analyse, wie diese funktionieren; gefolgt von dem Bemühen, sich vorzustellen, wie sie – »unvermittelt und wohl gar kausal« – auf eine besondere historische »Dissonanz« reagiert haben. Wenn sich diese Rekonstruktion überzeugend anfühlte, dann konnte der »Gesamtprozeß« noch etwas warten.

Kräftediagramm. *Ein fernes Land* – so lautet der Titel dieses Buches: räumlich gesehen fern, das liegt ja auf der Hand für jemanden, der in Europa aufgewachsen und nun wieder dorthin zurückgekehrt ist. Doch genauso fern in der Zeit: Weber, Simmel, der junge Lukács, der russische Formalismus, Benjamin, Spitzer, Adorno: Diese Seiten hätten (fast) schon vor hundert Jahren geschrieben werden können. Ein Grund war sicherlich mein wachsender Unmut gegenüber dem »Präsentismus« (ein schreckliches, seinem Gegenstand angemessenes Wort) des amerikanischen Universitätsbetriebs, der unweigerlich jeden Sinn für die Vergangenheit unterminiert. Doch der tiefere Grund hatte einmal mehr mit dem Begriff der Form zu tun: genauer gesagt, mit der »antichaotische[n] Funktion«, die Aby Warburg in der »Einleitung« zum *Bilderatlas Mnemosyne* beschworen hatte.[*] Angesichts der unaufhörlichen Wirren der empirischen Welt trifft die artistische Form eine Auswahl unter den darzustellenden Materialien und passt sie in eine Struktur ein; und sie tut dies auf dem Weg eines *agonalen* Prozesses: *anti*chaotisch: eine »objektivierende Auseinandersetzung einer formenden Kraft mit einem zu bewältigenden Stoff«, wie es Panofsky in seinem Essay über das »Kunstwollen«

---

[*] Aby Warburg, *Der Bilderatlas Mnemosyne. Einleitung* [1929], in: Gesammelte Schriften, Bd. II.1, Berlin 2008, S. 3.

formulierte.* Es ist die *Realpolitik* der Form: die Grauzone, in der Schönheit mit Macht und sogar mit Gewalt in Berührung kommt. »Wir haben es beide mit einem zähen Material zu tun«, sagt ausgerechnet der Bärenjäger zu Ibsens letztem Helden, dem Bildhauer Rubek: »Und beide zwingen wir dem Material schließlich unseren Willen auf. Machen uns zu seinem Herrn und Meister. Lassen nicht eher locker, als bis wir den Sieg errungen haben über das, was uns einen so hartnäckigen Widerstand entgegensetzt«.† Herr und Meister. Vom anderen Ende des kulturellen Spektrums hören wir, wie D'Arcy Wentworth Thompson das Projekt seines morphologischen Meisterwerks *Über Wachstum und Form* beschreibt:

> Die Form eines jeden Teiles von Materie [...] kann also in allen Fällen gleichermassen als Einwirkung von Kraft bezeichnet werden. Kurz, die Form eines Gegenstandes ist ein »Kräftediagramm«, zumindest in dem Sinn, dass wir aus ihr die Kräfte beurteilen oder ableiten können, die auf den Gegenstand einwirken oder eingewirkt haben.‡

Kräfte aus Formen ableiten: Es könnte das Motto der großen wilhelminischen Soziologen sein. Ob sie über ästhetische Phänomene, Verwaltungssysteme, begriffliche Strukturen oder die Normen individuellen Verhaltens reflektierten, die konkrete Macht abstrakter Muster – die *Kraft* der *Formen* – bildete ein durchgängiges Thema im Werk von Weber, Simmel und Sombart. Auch ist es kein Zufall, dass

---

* Erwin Panofsky, »Der Begriff des Kunstwollens« [1920], in: ders., *Aufsätze zu Grundfragen der Kunstwissenschaft*, Berlin 1992, S. 29-43, hier S. 40.
† Henrik Ibsen, *Wenn wir Toten erwachen. Dramatischer Epilog in drei Akten* [1899], übers. von Hans Egon Gerlach, Stuttgart 1965, S. 18.
‡ D'Arcy Wentworth Thompson, *Über Wachstum und Form* [1917/1942], übers. von Ella M. Fountain und Magdalena Neff, Basel und Stuttgart 1973, S. 32.

sie die großen Theoretiker des modernen Kapitalismus und des bürgerlichen Lebens waren: Die Besonderheit der späten Industrialisierung Deutschlands mit ihrer beherrschenden Rolle der Banken, des Staates und der wissenschaftlichen Forschung brachte dieser Denkergeneration zu Bewusstsein, wie umfassend sich das gesellschaftliche Dasein durch äußere Kräfte formen ließ. Die Form war eine Macht, die dadurch zum Tragen kam, dass sie den modernen Gesellschaften eine stabile Ordnung auferlegte. Die Form also als Kraft – aber auch die *Kraft als Form*: als das Vermögen, zu gestalten und zu organisieren, nicht nur zu zwingen. Wir müssen uns heute, genau wie vor hundert Jahren, dieser doppelten Perspektive bewusst sein.

Autonome Potenz. Wie diese einführenden Seiten gezeigt haben, heißt »Form« im vorliegenden Buch zumeist: Stil. Kürzere Passagen aus einem Werk herauszulösen und ihre Sprache zu analysieren funktionierte im Unterricht wunderbar und wurde zu einer »Praxis«, bevor mir überhaupt klar wurde, was da geschah. (Später machte ich es in zwei Vorlesungen über »Stil und Sozialisation« explizit.) Der Stil – und de facto »Stile« im Plural, denn jedes Zeitalter bringt ein ganzes Spektrum von ihnen hervor – erlaubte mir, Texte miteinander zu vergleichen (in allen kamen Substantive, Tempora, Tropen, Sätze unterschiedlicher Länge und Komplexität vor) und so den Eindruck davon zu vertiefen, wie unterschiedlich Literatur sein kann. Solange »wir nur einen einzigen Stil kennen«, beobachtete Simmel einst, nehmen wir ihn unvermeidlich »in fragloser Einheit mit den *Inhalten* desselben« wahr; erst wenn wir *viele* Stile kennenlernen, können wir sie jeweils »als eine autonome Potenz« sehen.* Was er meinte, war etwa: Es gab im Europa des späten 19. Jahrhunderts viele Möglichkeiten, den Kolonialis-

---

* Georg Simmel, *Philosophie des Geldes* [1907], Gesamtausgabe, Bd. 6, Frankfurt a. M. 1989, S. 642.

mus darzustellen: Kiplings melancholisches und schrulliges Pflichtbewusstsein war eine, genau wie Haggards abenteuerliebende Brutalität, Jules Vernes parawissenschaftliche Neugier oder Salgaris Melodramatik – dazu kamen natürlich alle Arten von nichtliterarischen Diskursen. Jeder dieser Stile war in dem Sinne »eine autonome Potenz«, als er nicht »mit den Inhalten desselben« zusammenfiel und tatsächlich darauf angelegt war – um Simmels und Panofskys Formulierungen in eine einzige zusammenzuführen –, solche Inhalte mittels seiner eigenen spezifischen »formenden Kraft« zu »bewältigen«. Kennzeichnend für, sagen wir, Conrads Stil in *Herz der Finsternis* war die Art und Weise, wie sich Eleganz – Marlowes Netz der Gleichnisse, doppelten Verneinungen, Vielstimmigkeit, Abschweifungen, Ironie ... – behutsam mit reiner Grausamkeit arrangieren konnte. Wieder Form und Kraft: wo die Stilanalyse durch eine Nachkonstruktion (*reverse-engineering*) »technischer Kunstgriffe« wie Marlowes Abschweifungen ein Fenster in die Vergangenheit – in eine vergangene *Ideologie* – aufstoßen kann, das sonst auf ewig verschlossen geblieben wäre.*

Belle Époque. Angefangen bei der Eröffnungsvorlesung über die erste monatliche Folge von *Unser gemeinsamer Freund* ging es beim größten Teil unserer »Literaturgeschichte« um erzählende Texte der einen oder anderen Art; irgendetwas fühlte sich an der absoluten Vorherrschaft der Stilistik über die Analyse der Erzählstrukturen deshalb auf unbestimmte Weise falsch an. Dies reflektierte

---

* Als »Nachkonstruktion (*reverse-engineering*)« bezeichne ich die folgenden drei Schritte: zunächst eine besondere Technik eines gegebenen Textes isolieren und sie als formale »Auflösung« im Sinne Lukács' verstehen; Vermutungen darüber anstellen, für welche historische »Dissonanz« die Technik als Lösung konzipiert war; und drittens versuchen, sich vorzustellen, welche Art von Vergnügen – oder gelegentlich auch: welche Möglichkeiten der Vermeidung von Schmerz und Unbehagen – eine derartige Lösung gewähren konnte. Schon wieder das »Wie«, »Warum« und »Wofür« der ästhetischen Form.

teilweise die Schwäche der zeitgenössischen Erzähltheorie gegenüber den Ergebnissen der linguistischen Analyse; zum Teil war es aber auch eine Folge der disparaten Genres, die ich für den Kurs ausgewählt hatte (Romane, Novellen, Kurzgeschichten, Filme, Theaterstücke ...) und der Schwierigkeit, einen gemeinsamen Nenner für sie zu finden. Der wesentliche Grund aber hatte mit der Literatur selbst zu tun: mit dem Umstand, dass sich im Laufe der vergangenen zwei Jahrhunderte das Gleichgewicht zwischen Handlung und Stil langsam, aber sicher in Richtung des letzteren verschoben hatte. Eine Woche nach *Unser gemeinsamer Freund*, wo sich die beiden Aspekte noch im Gleichgewicht befanden, hatte die Struktur von *Herz der Finsternis* – in dem der Plot der Kurtz'schen Ausbeutung des Kongos, auch wenn er natürlich wichtig war, von Marlowes ironischer Vermittlung nachhaltig »überwunden« wurde – schon die Richtung des Prozesses angedeutet; eine Woche später war die Vorherrschaft der »Bedeutung« über die Narration sogar noch deutlicher geworden (»Das Tier im Dschungel« und »Die Toten«). Mit der literarischen Moderne wurde sie extrem, und das nicht nur bei den offensichtlichsten Fällen, wie *Ulysses* und *Endspiel*, wo »nichts passierte«, sodass es nun fast unvermeidlich erschien, sich auf den Stil statt auf die Handlung zu konzentrieren. Selbst dort, wo es tatsächlich einen starken Plot *gab*, schienen sich die Autorinnen nach Kräften darum zu bemühen, seine Kraft zu konterkarieren: Die Schicksale der Heldinnen aus *Drei Leben* hätten eine noch viel stärkere Wirkung, wenn sie nicht hinter der undurchdringlichen Fassade von Steins Wiederholungen verschwänden; die Katastrophen von *Zum Leuchtturm* blieben stärker in Erinnerung, wenn sie nicht durch das Gemälde, mit dem der Roman endet, »mit einem Schlag fest« geworden wären – Stabilität: das Gegenteil von Erzählung. Die Ausnahmen bestätigten die Regel: Nur in fiktionalen Werken, die für einen Massenmarkt produziert wurden – Groschenromanen, Krimis, Western, Film noirs –, spielte die Handlung tatsächlich noch eine Rolle; im »autonomen« Reich der Hochliteratur regierte der Stil. In einigen Fällen (James, Conrad, Woolf) war eindeutig auch ein *Klassen*element vorhanden, insofern die stilistische Raffinesse die »Kultiviertheit« reproduzierte – Takt, Mühelosigkeit, Zurückhaltung, Geschmack, Eleganz –, mit der die Eliten des *Fin de Siècle* versuchten, der bürgerlichen Existenz aristokratische Patina zu verleihen: der letzte vergebliche Versuch, im modernen Europa eine herrschende Klasse zu etablieren.

III.

Eine Literatur für Amerika. Statt mich nun auf das Europa des *Fin de Siècle* zu konzentrieren, lenkte die Struktur der »Literaturgeschichte« meine Aufmerksamkeit auf die amerikanische Kultur. Zuerst kamen die Vorlesungen zum Film; als ich Jahre zuvor über die globale Verbreitung des europäischen Romans des 19. Jahrhunderts gearbeitet hatte, war mir oft das Hollywood des 20. Jahrhunderts durch den Kopf gegangen, und die Vorlesungen über Western und Film noir bildeten eine natürliche Folge dieser Gedanken. Die Überlegung, dass die soziale Funktion der Literatur aus der Literatur ausgewandert war, legte weitere Vorlesungen ähnlicher Art nahe (über Fernsehserien, Werbung, Graphic Novels, Songs); alles, was ich am Ende zustande brachte, war ein doppelter Vergleich (Vermeer/Hopper und Rembrandt/Warhol), der es mir erlaubte, retrospektiv einen Blick auf den weiten Bogen bürgerlicher Selbstdarstellung zu werfen. Unterdessen waren aus der Gesamtkonzeption des Kurses die Vorlesungen über Hemingway und Miller hervorgegangen, als Ergänzung zu anderen, ähnlich gelagerten; wenn man dazu noch die Sitzung über Whitman nimmt, die von Anfang an geplant war, ergibt sich das seltsame Quintett, aus dem das vorliegende Buch besteht. Seltsam, aber mit einer wichtigen Gemeinsamkeit. Zunächst einmal einem wahrnehmbaren Bruch mit der großen Generation der Jahrhundertwende-Emigranten; James, Stein, Pound, Eliot hatten alle für eine kleine kosmopolitische Leserschaft geschrieben; die in diesem Buch behandelten Autoren hingegen zielten eindeutig auf ein *amerikanisches* Publikum ab – und, im Prinzip mindestens, auf ein ziemlich großes. Biographie und Geographie gingen ineinander über: Die frühere Gruppe war nach England, Frankreich, Italien gezogen; abgesehen von Hemingway hatten die anderen die Vereinigten Staaten eigentlich nie verlassen, und auch das Thema ihrer Werke war ausgesprochen amerikanisch: Whitman, Hopper, Miller, der Western natürlich und in Wirklichkeit sogar Warhol, der seinen internationalen Ruhm zwei Bildern verdankte – Campbells Suppendosen und Marilyn Monroe –, die so amerikanisch waren wie Fords Monument Valley. Diese Literatur für Amerika war allerdings auch – und in der Tat zunehmend – eine Literatur *aus* Amerika, die um die ganze Welt reiste und sich als Alternative zu europäischen Formen anbot. Daher in den folgenden Kapiteln immer wieder der Vergleich von amerikanischen und europäischen Autoren: Whitman und Baudelaire, Hemingway und Joyce, Western und Film noir, Miller und Brecht ... erneut Form gegen Form; wobei das, worum es diesmal ging, die Begründung der kulturellen Hegemonie Amerikas war. Ein wirkmächtiger und schwer zu fassender Begriff, Hegemonie: der impliziert, dass Werke, die in einer bestimmten Kultur produziert werden (*amerikanische* Hegemonie), anschließend in ganz anderen Kontexten anerkannt und aufgesogen werden (amerikanische *Hegemonie*). Die Funktion löst sich zum Teil von der Genese, und das Verhältnis der beiden Seiten der Formel – das »Amerikanische« und das »Hegemoniale« – zueinander variiert von Fall zu Fall. In den Kapiteln über Hemingway und den Western versuche ich zu verstehen, wie amerikanische Formen angesichts der Grausamkeit der Geschichte Europas im 20. Jahrhunderts Sinn ergaben; mit Warhol tritt der Kapitalismus in den Vordergrund; während Whitman über die gesamte Länge des Buches als Grundmodell demokratischer Ästhetik immer wiederkehrt.* Das sind offensichtlich nur eine Handvoll verstreuter Fälle, die Spezialisten fragwürdig finden mögen; ich habe aber trotz allem beschlossen, diesen Weg weiterzuverfolgen, weil die Entschlüsselung einer kulturellen Hegemonie – die in unserer Zeit zum allerersten Mal in der Geschichte eine wahrlich planetarische Dimension angenommen hat – nur in kollektiver Anstrengung, unter Mitarbeit von Wissenschaftlerinnen unterschiedlicher Fachrichtungen gelingen kann. Hoffen wir, dass diese Untersuchung trotz all ihrer Mängel ein Schritt in die richtige Richtung ist.

IV.

Klarheit. Eine diskontinuierliche Geschichte, in der mikroskopisch kleine Kunstgriffe über Weltmeere hinweg in sich permanent verlagernden historischen Konfigurationen miteinander im Kampf lagen; und all das zweimal die Woche in neunzigminütigen Monologen, vorgetragen mit starkem italienischen Akzent. Nur eines konnte das erträglich machen: Klarheit. Sie ist für mich schon seit Langem ein fundamentaler Wert, und zwar ein *politischer* Wert; das hatte ich weiß Gott nicht aus der Literaturtheorie gelernt, sondern von einer Gruppe italienischer Intellektueller – Lucio Colletti, Rossana Rossanda, Umberto Eco, Beniamino Placido –, die sich alle auf die eine oder andere Weise für

---

* Im Falle von Hopper und Miller ist das Hegemoniethema de facto abwesend, weil sie sich einem Amerika im Würgegriff der wirtschaftlichen Depression (Hopper) oder bar aller Hoffnung auf zukünftigen Fortschritt (Miller) widmen. Die Bedeutung dieser beiden Autoren für andere Aspekte meines Arguments und das Licht, das sie auf das amerikanische Leben werfen, erklären hoffentlich ihre Aufnahme in dieses Buch.

die neue linke Politik und das marxistische Denken der 1960er und 1970er Jahre engagierten.* Der Stil ihres öffentlichen Wirkens hätte unterschiedlicher nicht sein können – Collettis begriffliche Arroganz war von der halb ernsten, halb heiteren Weisheit Placidos ebenso weit entfernt wie Rossandas zielstrebige Überzeugungen von Ecos zersetzender Ironie –, doch kamen sie alle in etwas überein, was man nur als *Demokratisierung der Kultur* bezeichnen kann. Demokratisierung: komplexe Angelegenheiten auf ihre Elemente herunterbrechen, ohne irgendetwas vorauszusetzen. Demokratisierung *der Kultur*: alle wesentlichen Schritte des Arguments festhalten und den Leser auffordern zu *arbeiten*, nicht nur passiv zu folgen; jeder Satz sollte absolut klar sein; jeder Absatz anspruchsvoll und komplex. Klarheit heißt nicht, das Schwierige zu meiden, sondern es zu *verstehen*; normalerweise durch einen schrittweisen Analyseprozess, der den »Schein berichtigt, den sie [die Kunstwerke] hervorbringen, eben de[n] ihres absolut gestalthaften Seins«, und stattdessen ihre Qualität als »Zusammengesetztes« offenbart.† Desakralisierung: Meisterwerke sind keine Wunder, sondern *Arbeit*: viele disparate Elemente, die sorgsam zusammengesetzt werden. Die Analyse bricht den Mechanismus auf, und durch Klarheit wird das Ergebnis allen zugänglich; weshalb »zur *Klarheit* [zu verhelfen]« in *Wissenschaft als Beruf* als das grundlegende Ziel der Lehre und der intellektuellen Tätigkeit im Allgemeinen dargestellt werden konnte. Über Weber hinausgehend würde

---

* Der Philosoph Colletti verband eine streng marxistische Philologie mit einer erbitterten Feindseligkeit gegenüber der Dialektik; Rossanda, eine der Gründerinnen von *Il manifesto*, schrieb denkwürdige Artikel über den Putsch gegen Allende und über die portugiesische Revolution; Eco, damals noch kein Romanautor, nutzte seine semiotische Intelligenz für kulturpolitische Rundumschläge; und Placido, ein unabhängiger Intellektueller, entwickelte sich gerade zum führenden Kulturjournalisten von *La Repubblica*.

† Theodor W. Adorno, *Berg. Der Meister des kleinsten Übergangs* [1968], Frankfurt a. M. 1971, S. 55.

ich Klarheit allerdings nicht nur als instrumentellen Wert betrachten – »*Wenn* man die und die Stellung einnimmt, so muß man [...] die und die *Mittel* anwenden«* –, sondern als Selbstzweck. Klarheit ist das Gleichheitsprinzip in der Welt der Ideen, und auch das Prinzip der Unnachgiebigkeit; sie macht Argumente schärfer, einseitiger; frei von Angst und allen Formen von Scheinheiligkeit. Die sanften und doch kompromisslosen Worte eines der Begründer der modernen Wissenschaft bleiben in dieser Hinsicht vorbildlich: »Von Menschen spreche ich gerne mit Höflichkeit, hingegen von Dingen mit Freiheit.«† Mit Freiheit sprechen: Darum geht es letztlich bei Klarheit.

Absätze. Das Lehren ist so anstrengend. Man liest, macht sich Notizen, denkt nach, plant, bereitet sich vor, probt, spricht ... Ein paar Leute hören zu, und dann ist alles wieder vorbei; Schall und Rauch. Irgendetwas stimmt bei der ganzen Sache nicht: Entweder sind die Einführungskurse in den Humanwissenschaften nicht besonders wichtig (dann sollten sie nicht auf dem Lehrplan stehen), oder sie haben etwas Wichtiges zu sagen (dann sollten sie nicht auf eine rein propädeutische Funktion reduziert werden). Diese Idee stand hinter dem vorliegenden Buch: fünf Vorlesungen für Studierende im ersten und zweiten Jahr – fünf leichte Stücke – zu nehmen und sie aus dem Hörsaal herauszuholen, um sie der »Öffentlichkeit« zu präsentieren; dabei ist es an Leserinnen und Leser gerichtet, die sich definitiv für Literatur interessieren (sonst hätten sie die Lektüre längst aufgegeben), aber nicht in einem fachspezifischen Sinne. Ich spreche also *aus* einem Hörsaal *heraus*, aber nun nicht

---

* Max Weber, *Wissenschaft als Beruf* [1919], Berlin 2018, S. 83 f.
† Robert Boyle, »A Proemial Essay, wherein, with some Considerations touching Experimental Essays in general, Is interwoven such an Introduction to all those written by the Author, as is necessary to be perused for the better understanding of them«, in: *The Works of the Honorable Robert Boyle*, London 1772, Bd. 1, S. 312.

mehr (ausschließlich) *zu ihm*: Das ist die Vorstellung. Um es aber klarzustellen: Ich hatte nicht die Absicht, den Ursprung dieser Kapitel im Akt des Lehrens zu »verbergen«; wenn überhaupt, dann habe ich den umgekehrten Fehler gemacht und bin zu nah an der ursprünglichen Form geblieben.* Die Form blieb also sehr ähnlich, wenn auch nicht identisch, was überhaupt nicht möglich gewesen wäre, da die Vorlesungen nicht in schriftlicher Form vorlagen; und alles, was ich zu meiner Orientierung in Händen hielt, war eine Seite wie der Plan für die Whitman/Baudelaire-Vorlesung in Abbildung 1: ein privates Palimpsest, nicht ganz leicht zu entziffern, das Reihenfolge und Gewichtung der einzelnen Punkte im Wesentlichen unbestimmt ließ. Es waren »modulare« Vorlesungsentwürfe, die aus einem Dutzend Begriffsblöcken bestanden, von denen jeder seine Länge verdoppeln oder einfach komplett verschwinden konnte, je nach Eingebung (nennen wir's mal so) des Tages. Das Bewusstsein, dass die Vorlesung noch nicht ganz »fertig« war, versetzte mich vor jeder Stunde in die richtige Anspannung; für den Unterricht funktionierte das gut. Am Schreibtisch nicht mehr ganz so gut. Beim Schreiben habe ich gelegentlich die Reihenfolge der Abschnitte vertauscht (die sowieso nicht festgelegt war), um mithilfe von Fußno-

---

* Und auch nicht nur bei ihrer Form. Als ich die Niederschrift beendet hatte, wurde mir bewusst, dass die These des Buches nicht so explizit war, wie sie hätte sein können: so z. B., dass die Konstellation von Werten, die die amerikanische Hegemonie charakterisieren – Demokratie, Gewalt und Konsumkapitalismus –, nur sporadisch zum Vorschein gekomken und nicht so weit ausbuchstabiert worden war, wie man es hätte tun können. Zunächst wollte ich diesen Umstand einfach korrigieren; dann aber wurde mir klar, dass das Problem überhaupt nur aufgetaucht war, weil ich eine bestimmte Vorstellung von einer Vorlesungsreihe hatte: dass es sich dabei nämlich um eine Reihe von Zusammenkünften handeln sollte, bei denen (hoffentlich) etwas Interessantes gesagt würde, die Überzeugungen des Lehrenden aber stärker im Hintergrund zu bleiben hätten als normalerweise in einem Buch. Ob das nun gut oder schlecht sein mochte, es schien mir wichtig, diesen Aspekt der ursprünglichen Vorlesungsreihe im Buch zu bewahren.

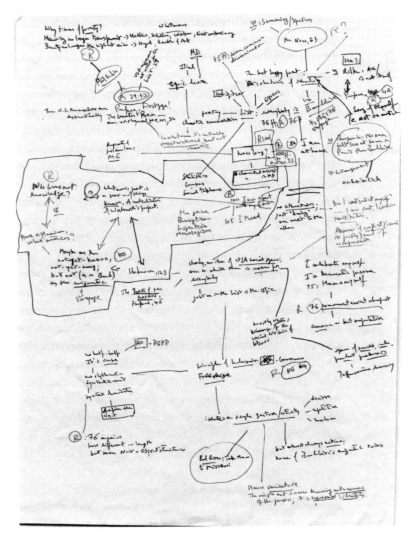

Abb. 1: Archiv Moretti

ten und Klammerzusätzen die kleinen Abschweifungen – manchmal nur einen Satz und eine Handbewegung – zu reproduzieren, die typisch für den mündlichen Vortrag sind. Doch statt dem Text einen »mündlichen« Duktus zu geben, habe ich versucht, eine schriftliche Form zu finden – jene Stakkato-Absätze, die Sie hier die ganze Zeit lesen –, die mir mehr oder weniger den »Punkten« einer langen Vorlesung zu entsprechen schien. Man atmet einmal tief durch, beginnt zu sprechen und findet sich fünf Minuten später an einer ganz anderen Stelle wieder; manchmal fragt man sich im Nachhinein, wie man dort gelandet ist und was man als nächstes tun soll; doch es ist eine Vorlesung, es muss weitergehen, man trinkt also erstmal einen Schluck Wasser, guckt sich etwas um und beginnt wieder zu sprechen. Der Versuch, diesen Rhythmus schriftlich abzubilden, hat zu diesem seltsamen kleinen Buch geführt: einem kurzen, stilistisch komprimierten Buch. Die Universität in Form eines Essays.

Wunder und Kritik. Warum aber sollten sich Leserinnen dafür interessieren, was in einem Hörsaal voller Zwanzigjähriger gelehrt wird, die noch nicht einmal wissen, ob sie ernstlich Literatur studieren wollen? In Wirklichkeit ist das genau der Grund: In einer Einführungsveranstaltung muss man sagen, was das Wichtigste an dem betreffenden Fach ist; in meinem Fall mussten die vor mir Sitzenden überzeugt werden, *dass es sich lohnt, Literatur zu studieren und nicht nur zum Vergnügen zu lesen*. Eine abenteuerliche Herausforderung für jemanden, der sein gesamtes Erwachsenenleben damit zugebracht hat, Literatur zu studieren und zu lehren, und überhaupt nicht mehr wahrnimmt, wie befremdlich das ist. Obwohl es, ehrlich gesagt, doch ein klein wenig pervers ist, aus seinem Vergnügen eine Arbeit zu machen; und es hat viel für sich, wenn man plötzlich all das beweisen muss, was man normalerweise voraussetzt: nicht nur, dass die Lektüre des Tausendseiters *Unser gemeinsamer Freund* eine gute Idee ist, sondern dass sie noch viel besser wird, wenn man sich über Dickens' Gebrauch des sächlichen Pronomens Gedanken macht und von Zeit zu Zeit Charles Booths detaillierte (auf den Häuserblock genaue) Karte des viktorianischen Londons konsultiert. Das Beispiel ist nicht erfunden: »Literaturgeschichte« war ein Kurs mit zwei ganz unterschiedlichen Seiten: halb Literaturtheorie, halb Sozialwissenschaft der einen oder anderen Art. Die Literatur wurde *von innen und von außen* betrachtet, in regelmäßiger Oszillation, die dem Kurs seine spezielle Würze gab: Wir lesen eine Novelle, ihr müsst also Harald Weinrichs These von der Rolle der »unerhörten Begebenheit« in dieser narrativen Form kennen; wir lesen eine Novelle über den Kolonialismus, schaut euch also Joseph Chamberlains Rede vor dem Royal Colonial Institute sowie eine Karte der antikolonialen Aufstände an. Die Pendelbewegung erinnerte mich an den Titel meines ersten Buches: *Signs Taken for Wonders*. Damals, anno 1983, war die Idee, dass Werke der Literatur allzu leicht »für Wunder gehalten werden« und man sie wieder auf den Boden der Tatsachen zurückholen und vielmehr zeigen musste, dass es sich dabei um prosaische soziokulturelle »Zeichen« handelt. In unserer heutigen Zeit, wo ästhetische Bewunderung viel eher ein rückwärtsgewandter Personenkult – *Shakespeare. Die Erfindung des Menschlichen*; *Wie Proust Ihr Leben verändern kann. Eine Anleitung* – als eine echte intellektuelle Erfahrung ist, bestand die vordringliche Aufgabe darin, die Begeisterungsfähigkeit der Studierenden zu reaktivieren, das heißt ihre Fähigkeit, zu staunen. Ich wollte, dass sie von Whitmans mäandernden Versen, einer Panoramaaufnahme aus *Red River* oder von Millers »Rücksicht muss genommen werden« so gepackt würden, wie es ihre Großeltern vielleicht einmal waren. Und in diesem Moment – sobald das Wunder wieder auf sein Podest gehoben war, so leidenschaftlich und naiv wie möglich –, in diesem Moment würde mit einer abrupten Kehrtwende zu dem übergegangen, was laut Brecht der Zuschauer des epischen Theaters macht: »steht gegenüber[,] studiert«.* Nachdem es (hoffentlich) zu einer

---

* Bertolt Brecht, »Anmerkungen zur Oper ›Aufstieg und Fall der Stadt

Wiederverzauberung der Literaturerfahrung gekommen wäre, würde die Vorlesung sie dieser »Entfremdung« (wieder Brecht) aussetzen, »welche nötig ist, damit verstanden werden kann«;* und das heißt in der Regel, das geheime Einverständnis der Literatur mit der sozialen Macht ans Licht zu bringen. Für manche Wissenschaftler spielt ausschließlich die Liebe zur Literatur eine Rolle; andere heißen nur ihre Entlarvung gut. Für mich ist es ambivalent, mir ist an beidem gelegen: Die radikale Kritik ist erforderlich, *gerade weil die Literatur eine solche Zauberkraft hat.* Genieße ihre Magie und filtere sie dann durch die Skepsis der Kritik: Das ist meines Erachtens ästhetische Erziehung – ästhetische Bildung.

Unterrichts-Shoppen. Ist sie das wirklich? Lassen Sie mich in das Salerno von vor vierzig Jahren zurückkehren: zu jenen Studenten, von denen so viele aus Familien mit zu vernachlässigender Schulbildung kamen. Für sie war ein Studium das Versprechen eines dramatischen gesellschaftlichen Aufstiegs. Doch nicht alleine ein Versprechen; an einem Seminar teilzunehmen war *selbst schon* ein Zeichen des Aufstiegs; eine intellektuelle Erfahrung, die einst jenseits ihrer Möglichkeiten gelegen hatte und es jetzt nicht mehr tat. Abgesehen davon, dass die Universität auch das Mittel zu einem anderen Zweck darstellte, war sie zudem etwas, was man unmittelbar und um seiner selbst willen genießen konnte; *ein Selbstzweck*; ein Luxus, der, wie schon so viele andere Luxusgegenstände, zu einem weithin anerkannten Recht geworden war, wie in Brechts *Das Leben des Galilei* das Waschen des eigenen Körper mit klarem Wasser (nach

---

Mahagonny««, in: ders., Große kommentierte Berliner und Frankfurter Ausgabe, Bd. 24: *Schriften 4. Texte zu Stücken*, Berlin, Weimar und Frankfurt a. M. 1991, S. 74–86, hier S. 78.

* Bertolt Brecht, »Vergnügungstheater oder Lehrtheater?« [ca. 1935], in: Berliner und Frankfurter Ausgabe, Bd. 22.1: *Schriften 2. Schriften 1993–1942*, Berlin, Weimar und Frankfurt a. M. 1993, S. 106–116, hier S. 109.

Brechts Ansicht ein Akt, der nicht ohne Bezug zum guten Denken stand).* »Es ist durchaus möglich, ohne Wissen zu leben«, schrieb Richard Feynman in einem Buch mit dem bezeichnenden Titel *Es ist so einfach. Vom Vergnügen, Dinge zu entdecken*;† doch Wissen macht das Leben so viel reicher. Es war die Leidenschaft für das Wissen um des Wissens Willen – »er denkt der Wollust wegen!« –, die uns an den kühlen Nachmittagen in Salerno die Glieder wärmte. Heute hat die Kälte wieder Einzug gehalten: Das universitäre Leben wird von jener grimmigen, viktorianischen Parole regiert, die im Silicon Valley ihre zweite Heimat gefunden hat: dem *nützlichen* Wissen. Die Vorstellung, die der »amerikanische Knabe [...] von [dem] Lehrer [hat], der ihm gegenübersteht«, so schrieb Weber in *Wissenschaft als Beruf*, ist: »[E]r verkauft mir seine Kenntnisse und Methoden für meines Vaters Geld, ganz ebenso wie der Gemüsehändler meiner Mutter den Kohl. Damit fertig.«‡ Vor einem Jahrhundert war das dem amerikanischen Knaben gegenüber vielleicht nicht ganz fair; in den folgenden Jahrzehnten schienen die Universitäten alles daran zu setzen, Weber Recht zu geben. Zu Beginn eines jeden Semesters machen sich die amerikanischen Studenten ans »Unterrichts-Shoppen«: Sie tauchen in diesem und jenem Kurs auf, um herauszufinden, ob ihnen das Thema oder die Lehrkraft oder was auch immer zusagt. An und für sich ist das natürlich gar nicht so falsch. Was aber falsch *ist,* ist eine Kultur, die es als »Shoppen« beschreibt. »In einer komplexen Welt gibt es viele Formen des Handelns«, schrieb Kenneth Burke in *Attitudes Toward History*:

---

* »Ist sein Genuß an dem Getränk [Milch] und der Waschung nicht eins mit dem an den neuen Gedanken?«, fragt sich Brecht im Hinblick auf die Figur des Galilei in »Kleines Organon für das Theater« [1948/49]. Und weiter: »Vergiß nicht: er denkt der Wollust wegen!« In: Berliner und Frankfurter Ausgabe, Bd. 23: *Schriften 3. Schriften 1942–1956*, Frankfurt a. M. 1993, S. 89 f.
† Richard P. Feynman, *Es ist so einfach. Vom Vergnügen, Dinge zu entdecken*, übers. von Inge Leipold, München und Zürich 2001, S. 148.
‡ Max Weber, *Wissenschaft als Beruf*, a. a. O., S. 80 f.

> Indem wir ihnen einen Namen geben, bilden wir unseren Charakter, da die Namen Haltungen verkörpern [und] unsere Beziehungen zu unseren Mitmenschen prägen. [...] Man nenne einen Mann einen Schurken und hat die Wahl, ihn entweder anzugreifen oder vor ihm zurückzuschrecken. Man sage, er habe einen Fehler gemacht, und sieht sich damit aufgefordert, ihn möglichst darüber aufzuklären.*

Eine Gruppe Zwanzigjähriger kommt in den Hörsaal, setzt sich und hört zu; nennt man das, was sie dorthin geführt hat, eine »Sondierung«, dann haben wir es mit Neugier, Überraschung, Unvorhersagbarkeit zu tun; vielleicht auch Verwirrung, aber sie sind offen für die Welt um sich herum. Nennt man es »Shoppen«, dann haben wir es mit Kunden zu tun, die auf einen »Deal« aus sind; sie wissen schon, was sie wollen, und sie wollen es *sofort*, und zwar ohne Überraschungen und Komplikationen. Namen prägen in der Tat unsere Beziehungen zur Welt; sie legen fest, was als wertvoll betrachtet wird, und machen es damit wahrscheinlich, dass es eintrifft. In dieser Metamorphose, die Studierende zu Kunden werden lässt – und in der Unzahl von Mutationen, die damit verbunden sind und alle in dieselbe Richtung gehen –, hat die Universität ihre finanziellen Träume wahr werden lassen und ihren intellektuellen Zweck verraten. Und das ist der Punkt, an dem wir gerade sind.

---

* Kenneth Burke, *Attitudes Toward History*, a. a. O., S. 4.

2 Walt Whitman oder Charles Baudelaire?

I.

Entzauberung. 1801. Friedrich Hölderlin, »Brot und Wein«:

> Aber Freund! wir kommen zu spät. Zwar leben die Götter,
>   Aber über dem Haupt droben in anderer Welt.
> Endlos wirken sie da und scheinen's wenig zu achten,
>   Ob wir leben ...

Zu spät. Es war einmal eine Zeit, da Brot und Wein den Körper und das Blut Christi bedeuteten – und beides de facto *waren*. Jetzt sind die Bedeutungen undurchsichtig geworden. In der »von Gott verlassenen Welt [...] wird die Lebensimmanenz des Sinns zum Problem«, schrieb Lukács hundert Jahre später in der *Theorie des Romans*.* »Es ist das Schicksal unserer Zeit, mit der ihr eigenen Rationalisierung und Intellektualisierung, vor allem: Entzauberung der Welt«, fügte Weber in ebenjenen Jahren hinzu und prägte damit eine Schlüsselmetapher der westlichen Moderne. Entzauberung: »daß man [...] alle Dinge – im Prinzip – durch Berechnen beherrschen« und die Welt auf diese Weise von allen »geheimnisvollen, unberechenbaren Mächte[n]« befreien kann; irgendetwas aber fehlt dieser Sicht auf die Wirklichkeit: »Wer [...] glaubt heute noch, daß Erkenntnisse der Astronomie oder der Biologie oder der Physik oder Chemie uns etwas über den *Sinn* der Welt [...] lehren könnten [...]?«† Eine von Gott verlassene Welt lässt sich viel besser verstehen – aber sie »spricht« nicht mehr zu uns:

---

* Georg Lukács, *Die Theorie des Romans*, a. a. O., S. 81, 47.
† Max Weber, *Wissenschaft als Beruf*, a. a. O., S. 92, 59, 65.

> ... Indessen dünket mir öfters
> Besser zu schlafen, wie so ohne Genossen zu seyn,
> So zu harren, und was zu thun indeß und zu sagen,
> Weiß ich nicht, und wozu Dichter in dürftiger Zeit?

Elend, *dürftige Zeit*, nicht als materielle, sondern als geistige Armut: Bedeutungsarmut. Und was kann die Dichtung ausrichten in einer der Bedeutung entkleideten Welt? Ist sie zu einer Sache der Vergangenheit geworden?

Kein Mensch will heute mehr Lyrik. Die 1820er. Hölderlins Studienfreund Hegel hält Vorlesungen über Ästhetik. Früh in seinen Ausführungen kommt ein Abschnitt, auf den oft als der »Tod der Kunst« Bezug genommen wird:

> Nur ein[e ...] Stufe der Wahrheit ist fähig, im Elemente des Kunstwerks dargestellt zu werden; es muß noch in ihrer eigenen Bestimmung liegen, zu dem Sinnlichen herauszugehen und in demselben sich adäquat sein zu können, um echter Inhalt für die Kunst zu sein, wie dies z. B. bei den griechischen Göttern der Fall ist. Dagegen gibt es eine tiefere Fassung der Wahrheit, in welcher sie nicht mehr dem Sinnlichen so verwandt und freundlich ist [...]. Von solcher Art ist die christliche Auffassung der Wahrheit, und vor allem erscheint der Geist unserer heutigen Welt [...] als über die Stufe hinaus, auf welcher die Kunst die höchste Weise ausmacht, sich des Absoluten bewußt zu sein. Die eigentümliche Art der Kunstproduktion und ihrer Werke füllt unser höchstes Bedürfnis nicht mehr aus [...].*

Die Kunst füllt unsere höchsten Bedürfnisse nicht mehr aus ... Und auch unsere niedersten nicht. Als Hegel seine Vorlesungen in Berlin hielt, fand im literarischen Feld der

---

* G. W. F. Hegel, *Vorlesungen über Ästhetik I*, Werke, Bd. 13, Frankfurt a. M. 1986, S. 23 f.

führenden europäischen Ökonomie eine große Transformation statt. »Obwohl die Anzahl der Titel, die jährlich erschienen, in der Zeit von 1815 bis 1828 um 23 Prozent wuchs«, schreibt Lee Erickson,

> und um weitere 30 Prozent von 1828 bis 1832 [...], weigerten sich ab 1830 fast alle [britischen] Verleger, Lyrik zu veröffentlichen. John Murray lehnte nach Byrons Tod im Jahr 1824 jedes Lyrik-Manuskript ab; Longman sagte: »Kein Mensch will heute Lyrik« und forderte die Autoren auf, anstelle von Bänden voller Verse Kochbücher zu verfassen. John Taylor schrieb 1830 an John Clare und teilte ihm mit, dass sein Unternehmen »kein Verlag für Lyrik mehr war«; und der Verlag Smith, Elder bedeutete Clare im selben Jahr, dass man Poesie nur noch auf Risiko des Autors veröffentliche. Wie Benjamin Disraeli in *Vivian Grey* sagte: »[D]ie Herrschaft der Lyrik ist vorbei, mindestens für ein halbes Jahrhundert.«*

Mindestens. Als *Die Blumen des Bösen* 1857 veröffentlicht wurden, hat Baudelaire »mit Lesern gerechnet, die die Lektüre von Lyrik vor Schwierigkeit stellt«, schrieb Walter Benjamin.

> An diese Leser wendet sich das einleitende Gedicht der »Fleurs du mal«. Mit ihrer Willenskraft und also auch wohl ihrem Konzentrationsvermögen ist es nicht weit her; sinnliche Genüsse werden von ihnen bevorzugt [...]. Es ist befremdend, einen Lyriker anzutreffen, der sich an dieses Publikum hält, das undankbarste.†

---

* Lee Erickson, *The Economy of Literary Form. English Literature and the Industrialization of Publishing, 1800–1850*, Baltimore, MD 1996, S. 26.
† Walter Benjamin, »Über einige Motive bei Baudelaire«, in: ders., *Charles Baudelaire. Ein Lyriker im Zeitalter des Hochkapitalismus*, Frankfurt a. M. 1955, S. 103.

Es ist befremdend; es ist das Zeichen von Baudelaires tiefer Ambivalenz gegenüber dem Literaturbetrieb: Er hasst ihn, und er braucht ihn. Hier sind die einleitenden Worte von »An den Leser«:

> Dummheit, Irrtum, Sünde, Geiz
> Hausen in unserem Geiste ...*

Ein Gedichtband, dessen erstes Wort »Dummheit« lautet. Das Szenario ist komplett: Die Philosophie, das Verlagsgewerbe und die Avantgarde-Dichtung – so unterschiedlich sie sind – haben eine Gemeinsamkeit gefunden, auf die sie sich alle einigen können: Kein Mensch will heute mehr Lyrik.

II.

Alles verschlingende Zeilen. Kein Mensch? Im selben Jahr wie »Au lecteur« wurde auch *Leaves of Grass* veröffentlicht:

> Die Amerikaner haben unter allen Nationen aller Zeiten auf dieser Erde wahrscheinlich die vollkommenste poetische Natur. Die Vereinigten Staaten selbst sind im Grunde das größte Gedicht. [...] [Hier ist nicht nur eine Nation, sondern eine vor Nationen wimmelnde Nation.] Hier, aller Fesseln ledig, ist Tatkraft, notwendigerweise blind für Besonderheiten und das einzelne, großartig in Massen sich bewegend. Hier waltet Gastlichkeit, die zu jeder Zeit Merkmal von Helden ist ... [Hier sind Rauheiten und Bärte und Raum und Schroffheit und Nonchalance (...)].†

---

* »La sottise, l'erreur, la péché, la lésine / Occupent nos esprits ...«; vgl. Charles Baudelaire, »Au lecteur / An den Leser«, in: ders., *Les Fleurs du Mal / Die Blumen des Bösen*, Sämtliche Werke / Briefe, Bd. 3, München und Wien 1975, S. 54 f.

† »The Americans of all nations at any time upon the earth have probably

Das größte Gedicht: Der Lyrik gegenüber alles andere als feindlich gesonnen, *sind* Whitmans Vereinigte Staaten Poesie. Poesie des Hier und des Jetzt: Hier ist ... Hier ist ... Hier waltet ... Poesie der Superlative (vollkommenste, größte, großartig, zu jeder Zeit, Helden, aller Zeiten auf dieser Erde) und Plurale (Amerikaner, Nationen, Fesseln, Besonderheiten, das [E]inzelne, Rauheiten ...). Eine Poesie des Überflusses, für die Whitman die perfekte Form gefunden hat: das »Verzeichnis«, das »göttliche Inventar«, wie er es in »Aus schmerzend angestauten Flüssen« (»From pent-up aching rivers«) (S. 123–126) nennt: Hier ist nicht nur ... Hier ist Tatkraft ... Hier waltet Gastlichkeit ... Hier sind Rauheiten *und* Bärte *und* Raum *und* Schroffheit ... Von Homers Schiffskatalog zu Miltons *Pandemonium* ist das Verzeichnis immer das typische Mittel der Epik gewesen, um die immense Größe des Gegenstands einer Dichtung zu evozieren. In *Grasblätter* sind die Vereinigten Staaten von Amerika dieser epische Gegenstand:

Das Horn ertönt im Ballsaal, die Herren laufen zu ihren Partnerinnen, die Tänzer verneigen sich voreinander,
 Der Jüngling liegt wach in der Dachkammer aus Zedernholz und lauscht dem melodischen Regen,
 Der Wolverine stellt Fallen an einem Bach, der mit vielen anderen den Huronsee füllt,

the fullest poetical nature. The United States themselves are essentially the greatest poem [...]. Here is not merely a nation but a teeming nation of nations. Here is action untied from strings necessarily blind to particulars and details magnificently moving in vast masses. Here is the hospitality which forever indicates heroes ... Here are the roughs and beards and space and ruggedness and nonchalance [...]«. Vgl. Walt Whitman, *Poetry and Prose*, New York 1982, S. 5. Die Gedichte werden im Folgenden zitiert nach Walt Whitman, *Grasblätter. Nach der Ausgabe von 1891–1892*, übers. und hrsg. von Jürgen Brôcan, München 2009. Vgl. für das obenstehende Zitat aus dem »Vorwort zur Erstausgabe der *Grashalme* 1855«: http://www.planetlyrik.de/walt-whitman-grashalme-cd/2018/07/ (die beiden Sätze in eckigen Klammern fehlen in der genannten Übersetzung; A. d. Ü.).

Die Squaw, in ihr gelbgesäumtes Gewand gehüllt,
bietet Mokassins und Perlentaschen zum Verkauf,
Der Kunstkenner späht, seitwärts geneigt, halbgeschlossenen Auges durch die Gemäldegalerie.
Wenn die Deckhelfer den Dampfer festmachen, wird eine Planke für die Passagiere ausgeworfen, die an Land gehen ...
(»Gesang meiner selbst«, S. 59)*

Herren, Tänzer, Jüngling, Wolverine, Squaw, Kunstkenner, Deckhelfer, Passagiere ... Keine Könige oder Erzteufel: nur eine Menge einfacher Leute (in diesem Abschnitt des »Gesang meiner selbst« über achtzig). Demokratisierte Epik. Und dann: Ballsaal, Dachkammer, Bach, Gemäldegalerie, Dampfer, Land ... Jeder soziale Typus in seinem besonderen Habitat. Das 19. Jahrhundert erfindet allerlei Praktiken, die darauf ausgelegt sind, die Nation in ihrer Gesamtheit zu »sehen« – Volkszählung, Landkarte, Museum, Statistik, Tableaux vivants, Panoramen – und Whitman schreibt *die Lyrik dieser neuen nationalen Sichtbarkeit*.† »Ich kenne meine alles verschlingenden Zeilen und darf nicht

---

* »The bugle calls in the ball-room, the gentlemen run for their partners, the dancers bow to each other; / The youth lies awake in the cedar-roof'd garret, and harks to the musical rain; / The Wolverine sets traps on the creek that helps fill the Huron; / The squaw, wrapped in her yellow-hemmed cloth, is offering moccasins and bead-bags for sale; / The connoisseur peers along the exhibition gallery with half-shut eyes bent sideways; / As the deck-hands make fast the steamboat, the plank is thrown for the shore-going passengers ...« (S. 15)

† »Census, Map, Museum« (Zensus, Karte, Museum) lautet die Überschrift eines Kapitels der erweiterten Fassung von Benedict Andersons Buch *Imagined Communities* [1983] (dt. als *Die Erfindung der Nation. Zur Karriere eines erfolgreichen Konzepts*, übers. von Benedikt Burkard, Frankfurt a. M. 1988, worin die zitierte Stelle aber nicht enthalten ist), in dem er das Raster staatlicher Klassifikationen sowie die zugrunde liegende Annahme beschreibt, dass die Welt, so wie Whitmans Amerika, »aus replizierbaren Pluralen besteht«. Benedict Anderson, *Imagined Communities*, erweiterte Ausgabe, London 1991, S. 184 f.

eine weniger schreiben«* (»Gesang meiner selbst«, S. 106); »ungereimte Poesie«, fügt das Vorwort der *Leaves of Gras* von 1855 hinzu, und man erkennt schnell die Verbindung zwischen beidem: Der Reim vermindert drastisch, was jeder beliebige Vers »aufnehmen« kann, und die Nation der Nationen, die gerade eine wahrlich alles verschlingende territoriale Ausdehnung erlebt hat – im 20. Jahrhundert wird die Zeit Whitmans das beliebteste Setting für Westernfilme sein –, reibt sich an Grenzen auf. Deshalb funktioniert das Verzeichnis so gut: Da es keine inneren Begrenzungen kennt, ist es im Prinzip grenzenlos. »Es liegt kein Anachronismus darin«, schrieb Leo Spitzer,

> bei den Aufzählungen Whitmans – der ›Katalogdichter‹, wie Eulenberg ihn nennt – an die großen Warenhäuser vermischter Güter zu denken. Um 1855, also zu der Zeit, als *Leaves of Grass* erschien, begann der rasante Aufstieg dieser *Bazare* des Westens – der großen *Kaufhäuser* [...].†

Katalogdichter für ein Zeitalter der Eroberung und des Überflusses: ja, aber nicht nur.

Freier Vers. »Eine ›rationale demographische Zusammensetzung‹« gibt es in Amerika »»von Natur aus««, schreibt Gramsci im Gefängnisheft über *Amerikanismus und Fordismus* (1934), weil in den Vereinigten Staaten

> keine zahlenmäßig starken Klassen existieren ohne wesentliche Funktion in der Welt der Produktion, das heißt absolut parasitäre Klassen. Die »Tradition«, die »Kultur« Europas ist jedoch gerade durch die Existenz solcher Klassen gekennzeichnet, die vom »Reichtum«

---

* »I know my omnivorous lines, and will not write any less« (*Poetry and Prose*, a. a. O., S. 43).
† Leo Spitzer, *La enumeración caótica en la poesía moderna*, übers. von Raimundo Lida, Buenos Aires 1945, S. 26, Fn 1.

und der »Komplexität« der vergangenen Geschichte geschaffen worden sind [...].*

Baudelaire, den es auf der Suche nach Inspiration ziellos durch Paris trieb, ist das perfekte Destillat dieser Klassen; Whitman aber, so schreibt Rubén Darío in seinem Sonnett »Walt Whitman« (1889), »sagt dem Adler: ›Flieg!‹ und ›Rudere!‹ zum Seemann / Und ›Arbeite!‹ zum kräftigen Arbeiter.«† Flieg, rudere, arbeite ... Whitmans Amerikaner sind alles andere als Parasiten, immer *tun* sie irgendetwas:

> Der reine Alt singt auf der Orgelempore,
> Der Zimmermann glättet sein Brett, die Zunge des
>   Schrothobels pfeift ihr wild anschwellendes Gelispel,
> Die verheirateten und unverheirateten Kinder fahren
>   nach Hause zum Erntedankmahl,
> Der Lotse packt die Langspiere, er reißt sie mit starkem Arm herum,
> Der Maat steht festgeklammert im Walfängerboot,
>   Lanze und Harpune sind bereit,
> Der Entenjäger schleicht in leisen, umsichtigen Etappen,
> Die Diakone werden mit überkreuzten Händen ordiniert am Altar,
> Die Spinnerin wiegt sich zum Surren des großen Rades
>   vor und zurück ...
> (»Gesang meiner selbst«, S. 57 f.)

Alt, Zimmermann, Kinder, Lotse, Maat ... Mit jedem neuen Vers taucht eine neue Figur auf: Immer zu Beginn des Ver-

---

* Antonio Gramsci, *Gefängnishefte*, Bd. 9: *Heft 22 bis 29*, Hamburg 1999, S. 2065.
† »Dice al águila: ›¡Vuela!‹ ›¡Boga!‹, al marino, / y ›¡Trabaja!‹, al robusto trabajador ...« Vgl. Rubén Darío, *Stories and Poems – Cuentos y poesías. A Dual-Language Book*, übers. und hrsg. von Stanley Appelbaum, Mineola, NY 2002, S. 86.

ses als dessen grammatisches Subjekt. Dann folgt das Verb, das uns informiert, was sie alle tun (»Der Alt *singt*«, »Der Zimmermann *glättet*«, »Der Lotse *packt*«), und dann das Objekt (»glättet *sein Brett*«) oder Ort beziehungsweise Art und Weise ihrer Handlungen (»singt *auf der Orgelempore*«, »reißt sie *mit starkem Arm* herum«). Subjekt-Verb-Prädikat: der einfachste Satz, den man sich vorstellen kann. Man liest, man versteht, man geht weiter. Man liest, man versteht – und es ist Lyrik! Ein kleines Wunder: Alltagssprache, die in den Status von Kunst »erhoben« wird. Und was das alles möglich macht, ist der »freie Vers«, Whitmans größte Innovation: frei in dem Sinne, dass er nicht mehr durch die regelmäßige Wiederkehr rhythmischer oder phonetischer Muster »gebunden« ist, was jedem Satz erlaubt, mit gleicher Freiheit, ungehindert von äußeren Zwängen, Form anzunehmen. Doch freier *Vers*, keine Prosa; wir lesen, und wenn wir das Ende einer Zeile erreicht haben – machen wir eine Pause. Wir gehen nicht unmittelbar zum nächsten Satz über, wie wir es bei Prosa tun würden, und auch wenn die Pause nur einen kleinen Moment dauern mag, so reicht sie doch aus, um anzuzeigen, dass der elementare Baustein hier der Vers ist. Und de facto der *Einzel*vers: Typisch für *Leaves of Grass* ist, wie oft die Zeilen für sich stehen können. Eine Figur tritt auf, handelt, und das war's. Dies ist *mein* Vers. Ich werde mich nicht über ihn hinaus verbreiten, aber mir soll auch keiner in die Quere kommen. Eine perfekte Komplementarität zwischen Makro und Mikro in Whitmans Werk: Genau so wie der Katalog den Vereinigten Staaten erlaubt, wahrhaft epische Dimensionen anzunehmen, so errichtet der Einzelvers eine unüberwindliche Barriere um jeden einzelnen Amerikaner. Ein ganzer Kontinent – isolierter Personen. Blätter – aus Gras.

Amerikanischer Raum. Auch in dieser Hinsicht sind Whitmans Verse also frei: weil es keine *Hierarchie* zwischen ihnen gibt. Jede Zeile besitzt genau denselben Wert wie jede andere, und sie alle übertragen diese formale Gleichheit auf die sozialen Typen, die in ihnen vorkommen: Alle werden demokratisch auf eine Ebene gestellt.* Der Raum der Whitman'schen Kataloge ist ein Raum für jedermann, *solange alle sozialen Atome damit einverstanden sind, für sich zu bleiben.* »Whitman wählt Berufe aus, die als selbstgenügsam dargestellt werden können«, schreibt David Simpson: »Händler, Mechaniker, Farmer und so weiter« existieren alle »*neben*einander, niemals aber stören sie einander oder stellen füreinander ein Problem dar.«† Nebeneinander, aber nie gegeneinander: Whitman befürchtete, wie David Reynolds hervorgehoben hat,

> jede Form extremen sozialen Engagements, von dem er dachte, es könnte das soziale Band zerreißen. [...] Konfrontiert mit Extremen begann er vorsichtig, Aussagen auszutesten, die Gegensätze im Gleichgewicht hielten, so als würde die rhetorische Reihung soziale Spannungen auflösen.‡

---

* »Der Satz [...] bildet die grundlegende Technik, deren sich Whitman bedient, um der Dichter der Demokratie zu werden«, schreibt Angus Fletcher in *A New Theory for American Poetry*; anders als Satzglieder, die »übergeordnete und untergeordnete Beziehungen zum Ausdruck bringen, [...] ist kein Satz je einem anderen Satz *grammatisch* [...] übergeordnet.« Angus Fletcher, *A New Theory for American Poetry. Democracy, the Environment, and the Future of Imagination*, Cambridge, MA 2004, S. 219.

† David Simpson, »Destiny Made Manifest. The Style of Whitman's Poetry«, in: Homi Bhabha (Hrsg.), *Nation and Narration*, London und New York 1990, S. 188, 182.

‡ David S. Reynolds, »Politics and Poetry. *Leaves of Grass* and the Social Crisis of the 1850s«, in: Ezra Greenpan (Hrsg.), *The Cambridge Companion to Walt Whitman*, Cambridge 1995, S. 82 f. »Da der gesamte Entwurf auf dem Ideal einer allesdurchdringenden und fast schon promisken Union beruhte«, schreibt Kenneth Burke, »erfüllten ihn die Motive der Sezession, die zum Bürgerkrieg führten, zwangsläufig mit tiefer Qual.« Kenneth Burke, »Policy Made Personal – Whitman's Verse and Prose-Salient Traits« [1955], in: Edwin Haviland Miller (Hrsg.), *A Century of Whitman Criticism*, Bloomington 1971, S. 293.

Dieses Ausbalancieren der Gegensätze, so führt Reynolds weiter aus, brachte »die ersten echt ›whitmanesken‹ Verse« hervor, in einem Notizbuch aus dem Jahr 1847: »Ich bin der Dichter der Sklaven und der Herren von Sklaven ...« Ein Vers, der ein lyrisches »Ich« mit einer Reihe von Pluralen kombiniert: whitmanesk, kein Zweifel. Aber man wundert sich: Kann es wirklich einen »Dichter der Sklaven und der Herren von Sklaven« geben? Die Äquidistanz zu Alt und Zimmermann, das ist leicht zu verstehen; am Ende haben beide nichts miteinander zu tun. Sklaven und Herren von Sklaven aber haben *alles* miteinander zu tun: Wie kann der Vers sie mit einem schlichten »und« verknüpfen, so als könnten sie ohne das geringste Problem koexistieren? Sie können, sofern man Lyrik – *und durch die Lyrik die Gesellschaft selbst* – als eine Ansammlung selbstgenügsamer Einheiten konzipiert, zwischen denen räumliche Nachbarschaft besteht, aber weder Beziehung noch Konflikt (so erklärt sich auch Whitmans Schweigen angesichts der Massaker der amerikanischen Ausdehnung nach Westen). »Gesang meiner selbst«, S. 105:

> Viele schwitzen, pflügen, dreschen und erhalten dann die Spreu als Lohn.
> Ein paar Müßige besitzen – und sie fordern dauernd Weizen.*

Hier geht es eindeutig um den Kampf der »vielen« und der »paar« um die Produkte der Arbeit; warum sie dann aber in zwei verschiedene Zeilen befördern? Der Konflikt *bindet sie aneinander*; der Versbau *trennt* sie. Das ist nicht sinnvoll – aber so schreibt Whitman: jeder Vers seine eigene kleine Welt. Er hat diese Form erfunden, die sich

---

* »Many sweating, plowing, thrashing, and then the chaff for payment receiving; / A few idly owning, and they the wheat continually claiming« (*Poetry and Prose*, S. 42).

nun gegen ihn wendet: Seine Politik zieht in die eine Richtung, die Politik seiner Form in die entgegengesetzte, und das Ergebnis ist ein peinliches Durcheinander. Dasselbe gilt für die Flut von Partizipien Präsens – sweating, plowing, thrashing, receiving, owning, claiming: sechs von 20 Wörtern! –, vielleicht die ungeschickteste Note des Abschnitts. Auch hier gibt es einen Grund für das, was geschieht: Partizipien Präsenz eignen sich perfekt für diese »chaotische Aufzählung« (Spitzer) paralleler Handlungen, die typisch für *Leaves of Grass* sind –, »... *hoeing* rows of carrots and parsnips – *crossing* savannas – *trailing* in forests; / *Prospecting* – *gold-digging* – *girdling* the trees of a new purchase ...« (*Poetry and Prose*, S. 33)* – und bilden deshalb mit Abstand Whitmans charakteristischste Verbform.† Doch genau weil sie so gut im Abbilden des Flüssigen und Unbestimmten sind, eignen sich Partizipien Präsenz so *schlecht*, um dezidiert festzustellen, dass eine Ungerechtigkeit begangen wurde. Schlussfolgerungen sind ihre Sache nicht. Wieder einmal kollidiert die Politik mit der Form, und was dabei herauskommt, ist eine missliche Pattsituation. »Wie nur wenige Dichter je besser geschrieben haben [als Whitman]«, hielt ein anderer amerikanischer Schriftsteller fest, »haben auch nur wenige Dichter je schlechter geschrieben«.‡ Wohl wahr. Und am schlimmsten ist Whitman, wenn es um Konflikte geht.

---

* A. d. Ü.: Die deutsche Übersetzung verzichtet auf die Partizipien: »Ich jäte mein Zwiebelfeld oder hacke die Reihen der Mohrrüben und Pastinaken, durchquere Savannen, verfolge Spuren in Wäldern, / Schürfe, grabe nach Gold, ringele die Bäume einer neuen Erwerbung ...« (»Gesang meiner selbst«, S. 84).

† Vgl. hierzu Ezra Greenspan, der von einer »lebenslangen Bindung an die grammatische Form des Partizip Präsens« spricht (»Some Remarks on the Poetics of ›Participle-Loving Whitman‹«, in: *The Cambridge Companion to Walt Whitman*, a. a. O., S. 92).

‡ Randall Jarrell, »Some Lines on Whitman«, in: ders., *Poetry and the Age*, New York 1953, S. 117.

III.

***Faits divers* oder Vermischte Nachrichten.** »[M]eins ein Wort der Moderne, das Wort *en-masse*«, verkündet Abschnitt 23 des »Gesangs meiner Selbst«. »Die Modernität ist das Vergängliche, das Flüchtige, das Zufällige«, hallt es zur gleichen Zeit aus Baudelaires »Maler des modernen Lebens« wider.* Beide Autoren nehmen eine historische Diskontinuität in der sie umgebenden Welt wahr und möchten diese unbesungene »moderne« Qualität in ihre Dichtung einfließen lassen. Damit endet aber auch schon die Gemeinsamkeit. »Ich singe von meinen Tagen«, liest man in Whitmans »Durchfahrt nach Indien«:

> Singe die kraftvoll leuchtenden Werke der Ingenieure,
> Unsere modernen Wunder, (übertroffen die massigen
>   Sieben des Altertums,) ...
> (*Grasblätter*, S. 506)†

Das ist Whitmans Moderne: die Wunder des Fortschritts. Robust, sichtbar. Man spürt in Paris, so schreibt seinerseits Baudelaire, »etwas [...], das die *Modernität* zu nennen man mir erlauben möge; da es nun einmal kein besseres Wort gibt für das, was mir vorschwebt. [...] Die Modernität ist das Vergängliche, das Flüchtige, das Zufällige ...«. Anstelle der kraftvollen Werke der Ingenieure ist es die *Instabilität*

---

* Charles Baudelaire, »Der Maler des modernen Lebens« [1863], in: ders., Sämtliche Werke/Briefe, Bd. 5: *Aufsätze zu Literatur und Kunst*, übers. von Friedhelm Kemp und Bruno Streif, München und Wien 1989, S. 213–258, hier S. 225 f. Auch wenn die Behauptung, Baudelaire habe den Begriff »Moderne« geprägt, eine Legende ist (denn andere hatten ihn schon vor ihm verwendet), scheint er doch der erste gewesen zu sein, der ihn *ausdrücklich* thematisierte (und ihn u. a. als Titel des vierten Abschnitts seiner Essays wählte).

† »Singing my days [...] / Singing the strong light works of engineers, / Our modern wonders (the antique ponderous Seven outvied) ...« (»Passage to India«).

des zeitgenössischen Lebens, welche zu den »Pariser Bildern« (»Tableaux Parisiens«) anregt, die seit der Ausgabe von 1861 das Zentrum der »Fleurs du Mal« bilden:

> Eines Morgens, während auf der düstren Straße ...
> (»Die sieben Greise«)
>
> Betäubend heulte die Straße rings um mich.
> (»An eine, die vorüberging«)
>
> ... eines Morgens, zur Stunde, da unter hellen Frosthimmeln die Arbeit erwacht ...
> (»Der Schwan«)*

Ein Tag wie jeder andere; ein Spaziergang ohne jede besondere Erwartung. Und aus den »unzählige[n] Beziehungen«, die sich typischerweise in den »riesigen Weltstädten« wie Paris »kreuzen«,† materialisiert sich unerwartet das Zufällige:

> Plötzlich stand ein Greis vor mir, dessen gelbe Lumpen diesem Regenhimmel ihre Farbe entliehen hatten ...
> (»Die sieben Greise«)
>
> Hochgewachsen, schlank, in tiefer Trauer, hoheitsvoller Schmerz, ging eine Frau vorüber;
> [...]

---

* Vgl. hier und im Folgenden: Charles Baudelaire, Sämtliche Werke/Briefe, Bd. 3: *Les Fleurs du Mal = Die Blumen des Bösen*, übers. von Friedhelm Kemp, München und Wien 1989, S. 232 f.: »Un matin, cependant que dans la triste rue« (»Les sept viellards«); S. 244 f.: »La rue assourdissante autour de moi hurlait« (»À une passante«); S. 228 f.: »... un matin, à l'heure où sous les cieux / Froids et clairs le Travaille s'éveille ...« (»Le cygne«).

† »À Arsène Houssaye / An Arsène Houssaye«, in: Charles Baudelaire, Sämtliche Werke/Briefe, Bd. 8: *Le Spleen de Paris. Gedichte in Prosa*, übers. von Friedhelm Kemp, München und Wien 1985, S. 114 f.

Ein Blitz ... und dann die Nacht! – Flüchtige Schönheit ...
(»An eine, die vorüberging«)

... dort sah ich eines Morgens, zur Stunde, da unter hellen Frosthimmeln die Arbeit erwacht, da die Straßenkehrer die stille Luft mit Wirbelstürmen schwärzen,

Einen Schwan, der aus seinem Käfig entwichen war ...
(»Der Schwan«)*

Es ist das »Ungeahnte, das sich zeigt, [das] Unbekannte, das vorübergeht«, eines der programmatischsten Gedichte aus *Le Spleen de Paris*, »Die Menge«:† ein so aufrüttelndes Ereignis, dass es seine eigene kleine Erzählung hervorbringt. Ein weiterer Gegensatz zu Whitman, dessen Dichtung zutiefst *anti*narrativ war: Seine Personen sind alle fest an eine einzige unveränderliche Tätigkeit gebunden (der Alt singt; der Kunstkenner späht durch die Galerie und so weiter), in jener Übereinstimmung von Person und Arbeit, die »Ein Gesang für Berufe« feiert. *Leaves of Grass* war das Gedicht der *Identität*; der *Wiederholung*, im stärksten Sinne des Wortes. Bei Baudelaire spielt nur das *Un*wiederholbare eine Rolle, das Seltsame, das Vermischte (die *faits divers*, wie es im französischen Journalismus des 19. Jahrhunderts hieß; *news items* in der farblosen englischen Übersetzung). »*Divers* oder vermischt«, weil das fragliche Ereignis »divers = anders« ist als jene Ereignisse, die Eingang in die internationalen oder nationalen Nachrichten finden, in Po-

---

* *Die Blumen des Bösen*, S. 232 f.: »Tout à coup, un viellard dont les guenilles jaunes / Imitaient la couleur de ce ciel pluvieux« (»Les cept viellards«); ebd., S. 244 f.: »Longue, mince, en grand deuil, douleur majestueuse, / Une femme passa / [...] / Un éclair ... puis la nuit! – Fugitive beauté« (»À une passante«); ebd., S. 228 f.: »Là je vis, un matin, à l'heure où sous les cieux / Froids et clairs le Travail s'éveille, ou la voirie / Pousse un sombre ouragan dans l'air silencieux, / Un cygne qui s'était évadé de sa cage« (»Le cygne«).
† *Le Spleen de Paris*, S. 150 f.

litik-, Wirtschafts-, Kulturnachrichten etc. Ein Rückstand, ein »Etwas«, das keine Kategorie zu fassen bekommt: doch ein mächtiger Rückstand mit einer einzigartigen semantischen Kraft: der zuallererst »das panische Gefühl« auslöst, »dass überall Zeichen sind« (Roland Barthes) – und uns dann dadurch, dass er sie mit einem »ungewissen Inhalt« ausstattet, absolut verblüfft zurücklässt.* Sieben identische alte Männer, die aus dem Nichts auftauchen und in dieselbe Richtung marschieren; ein Schwan, direkt vor dem Louvre. Das *müssen* Zeichen sein. Zeichen aber wofür? Die Welt wurde im selben Atemzug wiederverzaubert (sie »spricht« wieder zu uns) und verrätselt (was sagt sie denn?). Und all das wirkt umso befremdlicher durch Situationen, die auf geradezu lächerliche Weise alltäglich sind: »die düstere Straße« (»Die sieben Greise«), »das neue Carrousell« (»Der Schwan«), »betäubend heulte die Straße« (»An eine, die vorüberging«), »der Räderlärm der Omnibusse« (»Die alten Weiblein«), »über der leeren Seine« (»Die Morgendämmerung«). Die Karte der *faits divers* ist eine Karte des modernen Pariser Alltags. Was aber ist das moderne Paris?

Gespenster. In einem der Prosagedichte von *Le Spleen de Paris*, »Der alte Marktschreier«, genießt der Erzähler die »überschäumende Lebenslust« eines Pariser Rummelplatzes (»Licht, Staub, Schreie, Freude, Tumult«), als er sich gegenüber, im hintersten Winkel, »ein Wrack von einem Menschen« erblickt. »Er hatte aufgegeben, er hatte abgedankt. Sein Schicksal war besiegelt.« Als der Erzähler dem alten Marktschreier gerade ein paar Münzen hinlegen will, »riß, ich weiß nicht durch welche Störung verursacht, ein heftiger Sog der Menge mich weit von ihm weg«.† So ist das

---

* Roland Barthes, »Structure of the *Fait-Divers*« [1964], in: ders., *Critical Essays*, übers. von Richard Howard, Evanston, IL 1972, S. 191, 194.

† »un grand reflux de people, causé par je ne sais quel trouble, m'entraîna

moderne Paris: ein plötzlicher, kollektiver, unerklärlicher, unwiderstehlicher Sog. Wohin? Keine Antwort. Die sieben Greise »wanderten im gleichen Schritt *einem unbekannten Ziele zu*«. »Denn ich weiß nicht, *wohin du enteilst*, du kennst den Weg nicht, *den ich gehe*« (»An eine, die vorüberging«) [Hervorh. F. M.]. Das Vergängliche, das Zufällige, das Flüchtige ... *besonders* das Flüchtige. Bei Whitman deutete die historische Beschleunigung der Moderne selbstgewiss in Richtung Zukunft:

> Jahre der Moderne! Jahre des Unverrichteten!
> Euer Horizont steigt ...
> (»Jahre der Moderne«, S. 596)

Bei Baudelaire zeigen die Jahre der Moderne vom Horizont *weg*, vor dem sich vielmehr das auftürmt, was zurückgelassen wurde. Nachdem ihn die Menschenmenge von dem alten Marktschreier getrennt hat, bleibt der Erzähler »von diesem Anblick besessen«. Das gleiche mit dem Schwan – »So auch bedrückt vor diesem Louvre mich ein Bild: ich denke an meinen großen Schwan ...« – und mit der Passantin: »o du, die ich geliebt hätte, o du, die es wußte!« Was zurückblieb, ist unvergesslich geworden. Haussmanns Angriff auf das alte Stadtzentrum* – »Das alte Paris ist nicht mehr (die Gestalt einer Stadt wechselt rascher, ach! als das Herz eines Sterblichen)« (»Der Schwan«)† – hat die Erinnerung an das Vergangene nur bestärkt: »Ich habe mehr Erinne-

---

loin de lui«; vgl. »Le vieux saltimbanque«, in: *Le Spleen de Paris*, S. 158–163, hier S. 162.
* Zehn der achtzehn »Tableaux Parisiens« wurden zwischen 1857 und 1861 geschrieben – das heißt nachdem Napoleon III. 1854 seine Modernisierung von Paris in Angriff genommen hatte. Zu den Gedichten, die von der neuen Lage inspiriert sind, gehören die Meisterwerke der Sammlung: »Der Schwan«, »Die sieben Greise«, »Die alten Weiblein« und »An eine, die vorüberging«.
† *Die Blumen des Bösen*, S. 228 f.; »Le vieux Paris n'est plus (la forme d'une ville / Change plus vite, hélas! que le coeur d'un mortel)« (»Le cygne«).

rungen, als wär ich tausend Jahre alt« (»Spleen II« [»Fleurs du Mal«, S. 200 f.]). Vergessen wir die Wunder der Ingenieure; die Moderne enthüllt sich *in denen, die sie zerstört*: »ein Wrack von einem Menschen«, »Ruinen! Ihr die Meinen!« (»Die alten Weiblein«, die auch als »wunde Tiere« beschrieben werden). Gestalten der Niederlage: »dies bittre Lachen des besiegten Menschen, voller Schluchzen und Schmähungen« (»Besessenheit« [»Fleurs du Mal«, S. 204 f.]), das Baudelaire mit einer Zeile aus *Prometheus Bound* assoziiert; die Hoffnung des »Spleen IV«,

> die besiegte, weint, und grause Angst pflanzt herrisch auf meinem gesenkten Schädel ihre schwarze Fahne auf.*

Das sind die Bewohner des modernen Paris. Gespenster. »Wimmelnde Stadt, Stadt voller Träume, wo das Gespenst sich am hellen Tag an den Passanten heftet!« (»Die sieben Greise«)† Paris wird modern *und ist deshalb* voller Gespenster: »Die sieben Greise« und »Die alten Weiblein« wurden erstmals in der *Revue contemporaine* veröffentlicht unter dem Titel »Fantômes Parisiens«. Gespenster – und Exile:

> Deiner gedenke ich, Andromache!
> [...]
> Ich denke an die Negerin, die von der Schwindsucht abgemagert durch den Straßenschmutz sich schleppt und hinter ungeheurer Nebelmauer nach den fernen Kokospalmen des stolzen Afrikas verstörten Auges späht;
> An jeden, der verlor, was nimmer! nimmer! sich wiederfindet! [...] an die magren Waisen, die wie Blüten welken!
> [...]

---

* »... l'Espoir, / Vaincu, pleure, et l'Angoisse atroce, despotique, / Sur mon crane incliné plante son drapeau noir.« Ebd., S. 204 f.
† »Fourmillante cité, cité pleine de rêves, / Où le spectre en plein jour raccroche le passant!«

> ... ich denke an die Matrosen, die man auf einer Insel vergessen hat, an die Gefangenen, an die Besiegten! ... und an sehr viele andere noch!
> (»Der Schwan«, S. 226–231)*

Das ist Baudelaires Version des Katalogs: ein Totentanz. »Darum hat Moderne, wo sie erstmals theoretisch sich artikuliert, bei Baudelaire, sogleich den Ton von Unheil«, schreibt Adorno in der *Ästhetischen Theorie*; ihr formales Korrelat ist »[d]ie unabsehbare Tragweite alles Dissonanten für die neue Kunst seit Baudelaire und dem Tristan – wahrhaft eine Art Invariante der Moderne«.† Dissonanz und Unheil: wohl wahr. Doch was genau *ist* Dissonanz im Feld der Lyrik? In der Musik wissen wir es. Und in der Literatur?

Dissonanz. Lassen Sie uns mit einem ganz einfachen Verhältnis beginnen: Adjektiv und Substantiv. Bei Whitman bestärkte das Adjektiv unausweichlich die Kernbedeutung des Substantivs: Der Arm war stark, die Harpune bereit, die Hände des Diakons verschränkt und so weiter. Bei Baudelaire arbeitet das Adjektiv *gegen* das Substantiv, drängt es auf ungewohntes Terrain: vom »zarten Scheusal« und »scheinheilige[n] Leser« aus »An den Leser« über »ferne Wunder« (»Zigeuner unterwegs«), »ohne Zweck ein Stern« (»*In ihren wogenden und schillernden Gewändern ...*«), »Nebelwüste« (»Spleen II«), »schadenfrohen [...] Himmel« (»Der Schwan«), »der gefräßigen Ironie« (»Der Selbsthenker«),

---

* »Andromaque, je pense à vous! / [...] / Je pense à la négresse, amaigrie et phtisique, / Piétinant dans la boue, et cherchant, l'oeil hagard, / Les cocotiers absents de la superbe Afrique / [...] / A quiconque a perdu ce qui ne se retrouve / Jamais, jamais! / [...] / Aux maigres orphelins séchant comme des fleurs! / [...] / Je pense aux matelots oubliés dans une île, / Aux captifs, aux vaincus! ... à bien d'autres encor!«
† Theodor W. Adorno, *Ästhetische Theorie* [1970], Frankfurt a. M. 1973, S. 38, 29 f.

»Du lächerlich Gehenkter« (»Eine Reise nach Cythera«) bis zu vielen anderen Wendungen dieser Art. Baudelaire war das Genie des Unpassenden, wie sein Erzfeind Brunetière schrieb, und er hatte Recht: *Les Fleurs du Mal* lieben den semantischen Missklang, der zu ihrem charakteristischen Stil wird: »großer Engel mit der erzenen Stirn« (»*Dir seien diese Verse gewidmet* ...«); »wie die Kohleströme ins Firmament verrauchen« (»Landschaft«); »Wimmelnde Stadt, Stadt voller Träume« (»Die sieben Greise«).* Im größeren Maßstab:

> *Wie Säfte durchsickern* überall *Geheimnisse* die engen Kanäle des mächtigen Kolosses.
> (»Die sieben Greise«)†

> [I]ch denke an meinen großen Schwan, mit seinen närrischen Gebärden, *lächerlich wie die Verbannten und wie sie erhaben* ...
> (»Der Schwan«)‡

Bis zum extremen Fall von »Ein Aas«, wo dem verrottenden Körper eines Tieres

> ... in schwarzen Bataillonen krochen
> die Maden aus und *quollen wie eine zähe Flüssigkeit* diese lebenden Fetzen entlang.
> [...]

---

* In einem Kommentar zu »Spleen IV« (»*Wenn tief und schwer der Himmel* ...«) wies Auerbach selbst auf die vielen »merkwürdig verzerrten« Echos, »alarmierenden«, »unvereinbaren« und »unpassenden« Elemente, die »herbe und schmerzliche Disharmonie« und die »zusammenhanglosen Kombinationen« des Textes hin. (»The Aesthetic Dignity of the *Fleurs du Mal*« [1950], in: ders., *Scenes from the Drama of European Literature*, Minneapolis, MN 1984, S. 203 f., 208, 213, 215 f., 224 f.)

† [Hervorh. F. M.] »Les mystères partout coulent comme des sèves / Dans les canaux étroits du colosse puissante« (S. 232 f.).

‡ [Hervorh. F. M.] »Je pense à mon grand cygne, avec ses gestes fous, / Comme les exilés, ridicule et sublime« (S. 230 f.).

Und diese Welt ertönte von einer seltsamen Musik,
wie Wasserrieseln und wie Wind,
oder wie das Korn, das der Worfler mit rhythmischer Gebärde
auf seiner Schwinge wirft und wendet.*

Baudelaire war nun nicht der einzige, der im Europa des 19. Jahrhunderts so schrieb; Conrads *Herz der Finsternis*, um nur ein Werk zu nennen, ist eine wahre *tour de force* mystifizierender Vergleiche: »wie eine ermüdende Pilgerfahrt durch angedeutete Alpträume (27) ... kroch dahin wie ein plumper Käfer (66) ... wie auf einem dunklen, polierten Sarkophag.«† Bei Conrad aber sind die Schwierigkeiten immer vom Plot der Novelle gerechtfertigt: Der Erzähler sträubt sich, die europäische Unterdrückung Afrikas zuzugeben, also macht er alle möglichen Verrenkungen, um den Augenblick der Wahrheit hinauszuzögern; er versucht, zu sehen und nicht zu sehen, und diesem Zweck dienen die überdehnten Vergleiche. Aus der »ermüdende[n] Pilgerfahrt durch angedeutete Alpträume« wird aber schließlich etwas viel Konkreteres: Dissonanzen werden *aufgelöst*. Baudelaires dagegen nie. Das ist der Durchbruch: Die Dissonanzen haben sich »emanzipiert«, um Schönbergs berühmten Ausdruck zu gebrauchen; mit dem er sagen wollte, man müsse sie nun als ebenso »verstehbar« wie die Konsonanz selbst begreifen.‡ Ein Gehenkter – verwesend, von Vögeln

---

* [Hervorh. F. M.] »D'où sortaient de noirs bataillons / De larves, qui coulaient comme un épais liquide / Le long de ces vivants haillons / [...] / Et ce monde rendait une étrange musique, / Comme l'eau courante et le vent, / Ou le grain qu'un vanneur d'un mouvement rythmique, / Agite et tourne dans son van.« (S. 110–113)

† Joseph Conrad, *Herz der Finsternis* [1899], übers. von Sophie Zeitz, München 2009, S. 27, 66, 140.

‡ »[E]in radikale[r] Wandel in der Kompositionstechnik [...] wurde [...] unumgänglich, als sich gleichzeitig eine Entwicklung anbahnte, die mit dem endete, was ich die *Emanzipation der Dissonanz* nenne«, erklärte Schönberg in einer Vorlesung an der UCLA 1941; dieser Ausdruck, so

zernagt, ausgeweidet, kastriert – wird als lächerlich apostrophiert; wir erfahren nie, warum, *und so soll es auch sein*. Wir müssen diese rätselhafte Zuschreibung als »verständlich« akzeptieren: sie zum Ausgangspunkt unserer Interpretation machen und sehen, wohin uns das führt. Eine Armee von Maden klingt wie der Wind. Ein Ameisenhaufen hat Träume. Der semantische Stoff ist zerfetzt, und er bedeutet *durch* seine Risse. Paris ist sowohl ameisengleich durch seine Geschäftigkeit als auch metaphysisch traumhaft; die beiden Seiten bilden keine Einheit mehr – *und gerade diese Zerrissenheit definiert die historische Bedeutung der modernen Metropole*. Halb Biest, halb Phantasie. So sieht Dissonanz in der Literatur aus. Genau wie Gespenster und Exilierte ist nichts mehr an seinem »richtigen« Platz. »Niemand hat sich je weniger in Paris zuhause gefühlt als Baudelaire«, schrieb Walter Benjamin, und man sieht sofort, warum.*

IV.

Einfachheit. Niemand hat sich je weniger in Paris zuhause gefühlt als Baudelaire. Aber:

Schönberg weiter, »bezieht sich auf ihre Verstehbarkeit, die als gleichwertig zur Verstehbarkeit der Konsonanz betrachtet wird.« Arnold Schönberg, »Komposition mit zwölf Tönen«, in: ders., Gesammelte Schriften, Teil 1: *Stil und Gedanke. Aufsätze zur Musik,* übers. von Gudrun Budde, Frankfurt a. M. 1976, S. 72–96; hier S. 73. »Nimmt man die Formel von der Emanzipation der Dissonanz beim Wort«, erklärt Carl Dahlhaus, »so richtet sie sich gegen den Auflösungszwang. Unaufgelöste Dissonanzen waren zwar auch in der tonalen Musik nicht selten, wurden aber als Ellipsen aufgefaßt. Der Auflösungston, der unterdrückt war, sollte mitgedacht [...] werden. Demgegenüber ist die Emanzipation, die Schönberg meint, als Umdeutung der abhängigen Dissonanzen zu selbständigen Zusammenklängen zu verstehen. Die Ausnahme wird zur Regel«. Carl Dahlhaus, *Schönberg und andere. Gesammelte Aufsätze zur Neuen Musik*, Mainz u. a. 1978, S. 147.
* Walter Benjamin, *Das Passagen-Werk. Erster Band*, Frankfurt a. M. 1982, S. 423.

> Ich bin
> [...]
> Ein Südstaatler wie ein Nordstaatler, ein Pflanzer, unbekümmert und gastlich, ich lebe unten am Oconee,
> Ein Yankee, auf eigenem Weg [...]
> [...]
> Zuhause auf kanadischen Schneeschuhen oder oben im Busch oder bei Fischern vor Neufundland;
> Zuhause in der Eisseglerflotte, mit anderen segelnd und lavierend,
> Zuhause auf den Hügeln Vermonts oder in den Wäldern Maines oder auf einer Ranch in Texas ...
> (»Gesang meiner Selbst«, S. 61 f.)*

Zuhause im Raum, zuhause in der Zeit:

> Aber ich schwatze nicht von Beginn und Ende.
> Es gab niemals mehr Anfang als heute,
> Niemals mehr Jugend und Alter als heute,
> Und es wird niemals mehr Vollkommenheit geben als heute
> Oder mehr Himmel und Hölle als heute.
> (»Gesang meiner Selbst«, S. 43)†

Niemals mehr von irgendetwas, als es jetzt gibt ... »Amerika, du hast es besser«, schrieb Goethe ein Jahr vor seinem Tod:

---

* I am [...] / A Southerner soon as a Northerner, a planter nonchalant and hospitable down by the Oconee I live, / A Yankee bound my own way [...] / At home on Kanadian snow-shoes, or up in the bush, or with fishermen of Newfoundland; / At home in the fleet of ice-boats, sailing with the rest and tacking; / At home on the hills of Vermont, or in the woods of Maine, or the Texan ranch ...« (»Song of Myself«, S. 16)

† »... I do not talk of the beginning or the end. / There was never any more inception than there is now, / Nor any more youth or age than there is now, / And will never be any more perception than there is now, / Nor any more heaven or hell than there is now.« (Ebd., S. 3)

> Amerika, du hast es besser
> Als unser Kontinent, das alte,
> Hast keine verfallene Schlösser
> Und keine Basalte.
> [...]
> Benutzt die Gegenwart mit Glück!
> Und wenn nun eure Kinder dichten,
> Bewahre sie ein gut Geschick
> Vor Ritter-, Räuber-, Gespenstergeschichten.*

Zuhause in Vermont, in Texas, in einer Gegenwart ohne Gespenster; am allerwichtigsten aber, *zuhause in der Sprache*:

> Ich bin einer der Jungen und Alten, einer der Narren wie der Weisen,
> Ohne Rücksicht auf andere, immer achtsam auf andere,
> Väterlich ebenso wie mütterlich, ein Kind ebenso wie ein Mann,
> Vollgestopft mit grobem Stoff, vollgestopft mit feinem Stoff ...
> (»Gesang meiner selbst«, S. 61)[†]

»Jung«, »weise«, »mütterlich«, »Kind«, »Mann«, »grob«, »fein« ... das 19. Jahrhundert rang unaufhörlich mit der Bedeutung solcher Begriffe, und dieses Ringen kulminierte in einem berühmten Aufsatz – Gottlob Freges »Über Sinn und Bedeutung« –, der feststellte, dass wir alle zwangsläufig verschiedene Vorstellungen mit ein und demselben Begriff verbinden.[‡] Seit Baudelaire hat ein Großteil der modernen

---

* Johann Wolfgang von Goethe, »Den Vereinigten Staaten«, in: Werke, Hamburger Ausgabe, Bd. 1: *Gedichte und Epen I*, München 1988, S. 333.
[†] »I am of old and young, of the foolish as much as the wise; / Regardless of others, ever regardful of others, / Maternal as well as paternal, a child as well as a man, / Stuff'd with the stuff that is coarse, and stuff'd with the stuff that is fine ...« (»Song of Myself«, S. 16)
[‡] Vgl. Gottlob Frege, *Über Sinn und Bedeutung* [1892], Stuttgart 2019.

Lyrik diese semantische Unbestimmtheit als große Chance begriffen, ihre subjektive Komponente zu betonen, wodurch sie eine noch größere Distanz zu anderen Diskursen schaffte. Nicht aber Whitman: der seine Wörter weiterhin so gebrauchte, als seien sie vollkommen stabil und selbstverständlich. »Was ich beschreibe, beschreibe ich genau als das, was es ist«, erklärt das »Vorwort« von *Leaves of Grass*: »Der größte Dichter [...] verleiht jeder Sache oder Eigenschaft die ihr angemessenen Ausmaße nicht mehr nicht weniger. [...] Nichts ist besser als Einfachheit« (S. 8–13). Es genau als das beschreiben, was es ist: Mit Sprache geht das nicht wirklich. Doch diese Subjekt-Verb-Prädikat-Verse der *Grasblätter* verringern das Potenzial für Ambiguität in dem für Lyrik denkbar größten Maße; und insofern eine demokratische Kultur auf eine breite Verständigung über die Bedeutung der Wörter angewiesen ist, *ist dies ihr Stil*. Einfachheit. Aristokratische Nationen haben in Wirklichkeit keine gemeinsame Sprache, so bemerkte Tocqueville, doch in Demokratien »*braucht jedermann die gleichen Wörter*«* – und Whitman zeigt uns, wie wir das machen. Nicht nur kann jeder seine Verse verstehen (anders als den lächerlichen Gehenkten und den Ameisenhaufen voller Träume); wir *verstehen sie wahrscheinlich sogar in gleicher Weise*. Im Hinblick auf das Urteil der Literaturkritik hat diese Weigerung, die Lyrik von der Alltagssprache abzulösen, ihren Preis gehabt; in einem Werk wie Adornos *Ästhetischer Theorie*, in dem die Einträge zu Baudelaire nur durch die zu Beethoven übertroffen werden, wird Whitman mit keinem Wort erwähnt. Doch seine epische »Einfachheit« bescherte ihm einen großen Einfluss auf eine andere literarische Tradition: Majakowski, Neruda, Ginsberg; eine Lyrik, die ein großes Publikum erreichen wollte und zu diesem Zweck auf unterschiedliche Art und Weise ihre Nähe zu anderen gesellschaftlichen Dis-

---

* Alexis de Tocqueville, *Über die Demokratie in Amerika*, Teil 2 [1840], übers. von Hans Zbinden, Zürich 1987, S. 101; Hervorh. F. M.

kursen betonte. Ob die Lyrik in den heutigen Gesellschaften jemals wieder wirklich »gehört« werden und Aussicht auf kulturelle Hegemonie haben wird – das bleibt stark zu bezweifeln. Wenn die Zeit aber kommen sollte, dann wird Whitman ihr Homer sein.

3 Prosa und Geschichte in »Großer doppelherziger Strom«

I.

Eisberg. Das 16. Kapitel von *Tod am Nachmittag* (1932) ist eine detaillierte Untersuchung der Rolle, die Picadores beim Stierkampf spielen: welche Art Pferd sie reiten sollten, welche Muskeln des Bullen sie zu treffen versuchen sollten und welche nicht und so weiter. Dann plötzlich wechselt das Thema:

> Wenn ein Prosaschriftsteller genug über das weiß, worüber er schreibt, kann er Dinge auslassen, die er weiß, und der Leser wird, wenn der Schriftsteller aufrichtig genug schreibt, ein so starkes Gefühl dieser Dinge haben, als ob der Schriftsteller sie erwähnt hätte. Die Würde der Bewegung eines Eisbergs ist darauf zurückzuführen, daß nur ein Achtel von ihm über Wasser ist.*

Ein Achtel über Wasser. Als Robert Siodmak 1946 aus Hemingways Kurzgeschichte »Die Killer« (1927)† einen ganzen Film noir machte, nahmen die Ereignisse des ursprünglichen Textes nur etwa neun Minuten der anderthalb Stunden Spieldauer ein; also knapp ein Achtel der Zeit. Der Eisberg ist also wirklich eine gute Metapher für Hemingways Schreiben; doch ein paar Fragen bleiben. Was sollen wir angesichts der Tatsache, dass nur ein Bruchteil der Geschichte im realen Text sichtbar wird, von den restlichen sieben Achteln halten, die der Schriftsteller »auslassen kann«? Und gebraucht Hemingway hier das richtige

---

* Ernest Hemingway, *Tod am Nachmittag* [1932], übers. von Annemarie Horschitz-Horst, Reinbek bei Hamburg 1957, S. 163.
† Ernest Hemingway, »Die Killer«, in: ders., *Die Nick Adams Stories*, übers. von Annemarie Horschitz-Horst und Richard K. Flesch, Reinbek bei Hamburg 1972, S. 53–64.

Modalverb – sind das Dinge, die ausgelassen werden *können* oder *müssen*?

Die Menschen waren verstummt. Der erste Absatz aus »Großer doppelherziger Strom« (1925) ist ein guter Ausgangspunkt, um sich Hemingways stilistische Strategie vor Augen zu führen:

> Der Zug fuhr weiter, das Gleis entlang, außer Sicht, um einen von den Hügeln mit niedergebranntem Baumbestand. Nick setzte sich auf den Packen Zeltbahn und Bettzeug, den der Packmeister aus der Tür des Gepäckwagens herausgeworfen hatte. Es war keine Stadt da, nichts als die Schienen und das verbrannte Land. Die dreizehn Kneipen, die früher die einzige Straße Seneys säumten, hatten keine Spur hinterlassen. Die Grundmauern des Hotels ›Mansion House‹ ragten aus dem Boden hervor. Der Stein war von Feuer geborsten und gespalten. Das war alles, was von der Stadt Seney übrig war. Selbst die Oberfläche des Bodens war weggebrannt.*

Was ist hier »ausgelassen« worden? Die meisten Interpreten antworten darauf: der Krieg. Wir lesen: »Es war keine Stadt da, nichts als die Schienen und das verbrannte Land«, oder: »Die Grundmauern des Hotels ›Mansion House‹ ragten aus dem Boden hervor«, und es fällt schwer, nicht an die Fotografien von Flandern und der Westfront zu denken. Nicks Ankunft in Seney, Michigan – das selbstverständlich vom Ersten Weltkrieg vollkommen unbehelligt geblieben war – nimmt ihre gespenstische Qualität wegen der historischen Assoziationen an, die zur gleichen Zeit beschworen und unter die Oberfläche gedrückt werden. Eisberg. Doch ist das wirklich die Leistung eines Schriftstellers, »der auf-

---

* Ernest Hemingway, »Großer doppelherziger Strom«, in: ders., *Die Nick Adams Stories*, a. a. O., S. 174–196, hier S. 174.

richtig genug schreibt«, wie es später in *Tod am Nachmittag* heißen wird? »Einer der Flüche dieses Krieges ist die Kollision zwischen Ereignissen und der verfügbaren – oder für angemessen gehaltenen – Sprache, um sie zu beschreiben«, formulierte Paul Fussell in seinem Buch *The Great War and Modern Memory*: »Das vermeintliche Ungenügen der Sprache an sich, Tatsachen über den Krieg im Schützengraben zum Ausdruck zu bringen, ist bei allen, die über den Krieg geschrieben haben, ein Motiv.«* Und Walter Benjamin in »Der Erzähler«:

> Mit dem Weltkrieg begann ein Vorgang offenkundig zu werden, der seither nicht zum Stillstand gekommen ist. Hatte man nicht bei Kriegsende bemerkt, daß die Leute verstummt aus dem Felde kamen? Nicht reicher – ärmer an mitteilbarer Erfahrung. [...] Eine Generation, die noch mit der Pferdebahn zur Schule gefahren war, stand unter freiem Himmel in einer Landschaft, in der nichts unverändert geblieben war als die Wolken und unter ihnen, in einem Kraftfeld zerstörender Ströme und Explosionen, der winzige, gebrechliche Menschenkörper.†

Die Menschen waren verstummt. Sie »ließen« die Einzelheiten ihrer Kriegserfahrungen nicht »aus«; *sie wussten nicht, wie sie darüber sprechen könnten*. Vor diesem Hintergrund gewinnt Hemingways Rhetorik der Wortkargheit ihre historische Bedeutung: Es ist eine Art des Schreibens, die die Aphasie der Soldaten aufnimmt und *aus diesem »Fluch« einen Stil macht*. Der innere Mechanismus dieser Verwandlung – das »Wie« der literarischen Form, wie ich in der Einleitung schrieb – ist das Thema der folgenden Seiten.

---

* Paul Fussell, *The Great War and Modern Memory* [1975], Oxford 2013, S. 169 f.
† Walter Benjamin, »Der Erzähler. Betrachtungen zum Werk Nikolai Lesskows« [1936], in: ders., *Erzählen. Schriften zur Theorie der Narration und zur literarischen Prosa*, Frankfurt a. M. 2007, S. 103–128, hier S. 104.

Vierzehn Wörter. Eine Rhetorik der Wortkargheit beginnt mit kurzen, abgehackten Sätzen – genau wie jene Sätze, für die Hemingway berühmt ist. In seinen frühen Arbeiten zur quantitativen Stilistik hat Robert Cluett für Hemingways Korpus eine durchschnittliche Satzlänge von ungefähr 25 Wörtern ermittelt;* die ersten Sätze von »Großer doppelherziger Strom« sind dagegen deutlich kürzer – 13,8 Wörter im Durchschnitt –, was auch für viele andere Abschnitte der Erzählung gilt:

> Er kam eine mit Baumstümpfen bedeckte Böschung hinunter auf eine Wiese. Am Rand der Wiese strömte der Fluß. Nick war froh, an den Fluß zu kommen. Er ging durch die Wiese stromaufwärts. Seine Hose wurde vom Tau durchnäßt, als er ging. Nach dem heißen Tag war der Tau früh und schwer gefallen. Der Fluß machte kein Geräusch. Er strömte zu schnell und glatt dahin. Bevor Nick zu einem hochgelegenen Platz hinaufstieg, um sein Lager aufzuschlagen, sah er vom Rand der Wiese den Fluß entlang auf die steigenden Forellen. Sie kamen an die Oberfläche nach den Insekten, die aus dem Sumpf am anderen Ufer des Stromes kamen, als die Sonne unterging. Die Forellen sprangen aus dem Wasser, um sie zu schnappen. Während Nick durch das schmale Stück Wiese den Strom entlangging, waren Forellen hoch aus dem Wasser emporgeschnellt. Als er jetzt den Strom abwärts blickte, hatten sich die Insekten wohl auf der Wasseroberfläche niedergelassen, denn die Forellen fraßen gleichmäßig den ganzen Strom hinunter. Auf der langen Strecke, so weit hinunter, wie er sehen konnte, stiegen die Forellen auf und machten Kreise, so, wie wenn es zu regnen anfinge.†

---

* Robert Cluett, *Prose Style and Critical Reading*, New York 1976, S. 32. (Alle quantitativen Angaben bezüglich Hemingways Sätzen beziehen sich im Folgenden auf das englische Original; A. d. Ü.)

† Ernest Hemingway, »Großer doppelherziger Strom«, a. a. O., S. 179. Die

Die mittlere Länge dieser Sätze beträgt 14 Wörter, und viele sind weit kürzer. Er ging durch die Wiese stromaufwärts. Der Fluss machte kein Geräusch. Die Forellen sprangen aus dem Wasser, um sie zu schnappen. Kurz. Nur ein paar Wochen vor der Vorlesung über »Großer doppelherziger Strom« hatten wir einen Abschnitt aus *Ulysses* durchgenommen, dessen Sätze mit 6,7 Wörtern im Durchschnitt genau halb so lang waren wie die von Hemingways Geschichte. Die Vorlesung über Joyce hatte nichts mit Kürze zu tun (es ging um den Bewusstseinsstrom als eine Art Sozialisationsschablone für das 20. Jahrhundert), doch der synkopierte Rhythmus des *Ulysses* war nicht zu übersehen, und rückblickend ließ er Hemingways Prosa nun viel weniger pointiert und geschmeidig aussehen, als man sie gemeinhin wahrnimmt.* Viele der Joyce'schen Sätze wa-

---

englische Passage, die die Grundlage von Morettis Zählungen bildet, lautet: »He came down a hillside covered with stumps into a meadow. At the edge of the meadow flowed the river. Nick was glad to get to the river. He walked upstream through the meadow. His trousers were soaked with the dew as he walked. After the hot day, the dew had come quickly and heavily. The river made no sound. It was too fast and smooth. At the edge of the meadow, before he mounted to a piece of high ground to make camp, Nick looked down the river at the trout rising. They were rising to insects come from the swamp on the other side of the stream when the sun went down. The trout jumped out of water to take them. While Nick walked through the little stretch of meadow alongside the stream, trout had jumped high out of water. Now as he looked down the river, the insects must be settling on the surface, for the trout were feeding steadily all down the stream. As far down the long stretch as he could see, the trout were rising, making circles all down the surface of the water, as though it were starting to rain.« (S. 182)

* Die Joyce-Passage hatte fast genau dieselbe Länge wie die von Hemingway: 200 Wörter im einen Fall, 197 im anderen [auch das ist wiederum am englischen Original gezählt; A. d. Ü.]. Sie lautet: »Er betrachtete das Vieh, verschwommen in silberner Hitze. Silbern bestaubte Olivenbäume. Stille lange Tage: bloß ausputzen, reifen lassen. Oliven werden doch in Kruken verpackt, oder? Ich habe noch ein paar von Andrews. Molly hat sie ja ausgespuckt. Kennt den Geschmack jetzt. Apfelsinen in Seidenpapier, in Lattenkisten verpackt. Zitronen ebenfalls. Möchte wohl wissen, ob der arme Citron noch lebt in der St. Kevin's

ren abgehackt oder vollkommen agrammatisch (Zitronen ebenfalls ... Genau so, schwerer, süßer, wilder Duft ... Wohl um den Regen herauszufordern); Hemingway aber vergisst nie seine gebeugten Verben oder gefährdet die strukturelle Vollständigkeit seiner Satzgefüge. Plötzlich sieht er brav aus – ja fast schon bieder. Dasselbe in Bezug auf die Semantik: Eine Seite Joyce gleicht einem Clownskostüm, denn alle paar Zeilen wird das Thema gewechselt (der Olivenanbau, die junge Molly, ihre Freunde Citron und Mastiansky, der Orangenhandel, ein zufälliger Passant, ein letzter flüchtiger Gedanke über Religion); Hemingways thematische Ausrichtung ist absolut konsistent und stabil. Redundanz ist hier das Schlüsselwort: Während Joyce praktisch keines der Wörter, die er verwendet, wiederholt, taucht bei Hemingway siebenmal »down« und sechsmal »he« auf: Ein Mann und eine Richtung werden vollständig ausgeleuchtet. Die nächsten drei Ausdrücke, die jeweils dreimal vorkommen – »meadow«, »river«, »trout« –, beschwören die grundlegende Topographie des Absatzes (die Forelle im Fluss in der Wiese), während ein weiteres Dutzend Wörter, die jeweils drei- (Nick, walked, stream, water, rising) oder zweimal (looked, high, jumped, insects,

Parade. Und Mastiansky mit der alten Zither. Nette Abende waren das damals. Molly in Citrons Korbsessel. Schön, sie anzufühlen, kühle wächserne Frucht, schön in der Hand, an die Nüstern zu heben und ihren Duft zu schnuppern. Genau so, schwerer, süßer, wilder Duft. Und das immer wieder, Jahr für Jahr. Sie erzielten auch hohe Preise, hat Moisel mir erzählt. Arbutus Place: Pleasants Street: viel Pläsier damals. Müssen ohne Makel sein, hat er gesagt. Wo sie so weit herkommen: Spanien, Gibraltar, Mittelmeer, von der Levante. Lattenkisten in Reih und Glied am Kai in Jaffa, irgendein Kerl hakt sie ab in einem Buch, Hafenarbeiter verladen sie, in verdrecktem Baumwollzeug. Da ist ja der wieheißterdochgleich, aus Dingsbums. 'n Tag. Sieh nicht her. Irgendwie doch ärgerlich, wenn man jemand bloß grad so weit kennt, daß man ihn grüßt. Also von hinten sieht er aus wie dieser norwegische Kapitän. Möchte wissen, ob ich den treffe heute. Wasserwagen. Wohl um den Regen herauszufordern. Wie im Himmel also auch auf Erden« (James Joyce, *Ulysses* [1922], übers. von Hans Wollschläger, Frankfurt a. M. 1981, S. 85).

stretch, dew, surface) wiederholt werden, der Szene eines Mannes, der sich auf der Suche nach Fischen, die sich im Wasser bewegen, über den Boden bewegt, den letzten Schliff geben. Ein Schriftsteller kann Dinge auslassen ... Hier lässt Hemingway aber nichts aus – *er wiederholt Dinge*. Fluss-Strom-Wasser-Stück-Oberfläche;   er-Nick-ging-sah; Forelle-steigen-hoch-sprangen-Insekten ... In dieser Art des Schreibens steckt eine Menge Klebstoff, ein Überschuss semantischer Echos, die den Text zusammenhalten – und ihn leicht lesbar machen. Der Abstand zu Joyce könnte nicht größer sein. *Ulysses* hatte »die Vielfalt des Beobachtbaren« in einem solchen Ausmaß erhöht, dass der »überstrapazierte Leser« permanent versucht, sie »auf ein kontrollierbares Maß zurück[zuschneiden]«, wie Wolfgang Iser schrieb;* und wie alle *Ulysses*-Leser wissen, fühlt sich das immer so an, als würde man durch ein solches »Zurückschneiden« die wahre Größe des Buches verraten. Bei Hemingway muss nie irgendetwas zurückgeschnitten werden. Und während seine kurzen Sätze irgendwie schon eine moderne Atmosphäre evozieren und das Beschweigen des Kriegs diese gespenstische Mischung aus Anwesenheit und Abwesenheit hervorbringt, bildet die Redundanz dazu ein perfektes Gegengewicht, weil sie sicherstellt, dass alles gut verständlich bleibt. Das Beste aus beiden Welten: Kleine Herausforderungen – doch in »kontrollierbarem Maß«. Und kontrollierbar ist, wie wir noch sehen werden, ein ziemlich gutes Stichwort für Hemingways Erzähluniversum.

Ununterbrochene Gegenwart. Von der Kürze zur Wiederholung; von der Wiederholung zur anderen großen modernistischen Präsenz in Hemingways Werk. Gertrude Stein, »Melanctha«:

---

* Wolfgang Iser, *Der implizite Leser. Kommunikationsformen von Bunyan bis Beckett*, München 1972, S. 310.

»Ich verstehe nicht Melanctha, warum du sprechen solltest als ob du dich umbringen würdest nur weil du verzweifelt bist. Ich würde mich niemals umbringen nur weil ich verzweifelt bin Melanctha. Ich würde vielleicht jemand anderen umbringen wenn ich verzweifelt bin, aber ich würde mich niemals selbst umbringen. Wenn ich mich jemals umbringen sollte Melanctha, so wäre das ein Unglücksfall, und wenn ich mich jemals durch einen Unglücksfall umbringen sollte Melanctha, so würde mir das schrecklich leid tun.«*

Erstaunliche Stilisierung der Redundanz. Obwohl jeder Satz dem vorhergehenden etwas hinzufügt – Ich würde mich niemals umbringen ... Ich würde vielleicht jemand anderen umbringen ... so wäre das ein Unglücksfall ... so würde mir das schrecklich leid tun –, wird die Menge an Neuigkeiten auf ein absolutes Minimum beschränkt und weiter unterminiert durch die Allgegenwart von Melancthas Namen und Steins Konditionalen (Ich würde ... ich würde ... ich würde ... so würde); der Clue der Textstelle ist nicht ihre Vorwärtsbewegung, sondern ihr sprachlicher *Widerstand* gegen jede neue Entwicklung. Figuren (und Leser) müssen mit Worten ringen, als wären sie ein Ausdruckshindernis; so als wäre die Sprache das trägste – und *toteste* – aller menschlichen Vermögen. Das ist Steins Geniestreich: Sie nimmt ein zentrales Thema aus *Drei Leben* – die Schwierigkeit, die eigenen inneren Zustände zu verstehen und auszudrücken – und vermittelt es durch einen Stil, der das

---

* Gertrude Stein, *Drei Leben* [1909], übers. von Marlis Pörtner, Zürich 1960, S. 230. Im Original: »›I don't see Melanctha why you should talk like you would kill yourself just because you're blue. I'd never kill myself Melanctha just 'cause I was blue. I'd maybe kill somebody else Melanctha 'cause I was blue, but I'd never kill myself. If I ever killed myself Melanctha it'd be by accident, and if I ever killed myself by accident Melanctha, I'd be awful sorry.‹«. Gertrude Stein, *Three Lives*, Harmondsworth 1990, S. 161.

Problem *verdoppelt* und dadurch unlösbar macht. Egal, was die Figuren tun, die Sprache untergräbt sie:

> Jeden Tag schien Jeff jetzt dem wirklichen Lieben näher zu kommen. Jeden Tag schüttete Melanctha jetzt alles mit mehr Freiheit über ihn aus. Jeden Tag schienen sie jetzt zusammen immer mehr von diesem starken, richtigen Gefühl zu haben. Immer besser schienen sie jetzt jeden Tag zu wissen was der andere fühlte. Immer mehr entdeckte Jeff jetzt jeden Tag, daß er Vertrauen hatte. Immer weniger dachte er jetzt jeden Tag in Worten darüber nach was er immer tat. Jeden Tag mehr öffnete Melanctha Jeff jetzt ihr echtes, starkes Gefühl. (*Drei Leben*, S. 157)

> Every day now, Jeff seemed to be coming nearer, to be really loving. Every day now, Melanctha poured it all out to him, with more freedom. Every day now, they seemed to be having more and more, both together, of this strong, right feeling. More and more every day now they seemed to know more really, what it was each other one was always feeling. More and more now every day Jeff found in himself, he felt more trusting. More and more every day now, he did not think anything in words about what he was always doing. Every day now more and more Melanctha would let out to Jeff her real, strong feeling. (*Three Lives*, S. 109)

Zeigt dieser Abschnitt wirklich, dass Jeff und Melanctha einander »näher kommen«? Der erste Satz behauptet das natürlich – nachdem das Wort »more« aber auf wenigen Zeilen zwölf Mal wiederholt wird (ungefähr alle zehn Wörter), suggeriert es keine Veränderung mehr, sondern nur deren unmögliche *Langsamkeit*. Dasselbe gilt für die Formel »every day now« und die Verlaufsform der Verben »-ing«, die uns beide das Gefühl geben, dass die Geschichte auf der Stelle tritt, gefangen in dieser »verlängerten« oder »fortgesetzten Gegenwart«, die Stein selbst in »Composition as Explanation«, einem 1926 in Cambridge gehaltenen Vortrag, beschrieben hat.* Wenn man diese Handvoll wiederkehrender Merkmale kursiviert, springt die Dichte der Prosa ins Auge:

> *Every day now*, Jeff seemed to be *coming* nearer, to be really *loving*. *Every day now*, Melanctha poured it all out to him, with *more* freedom. *Every day now*, they seemed to be *having more and more*, both together, of this strong, right *feeling*. *More and more every day now* they seemed to know *more* really, what it was each other one was always *feeling*. *More and more now every day* Jeff found in himself, he felt *more trusting*. *More and more every day now*, he did not think anything in words about what he was always *doing*. *Every day now more and more* Melanctha would let out to Jeff her real, strong *feeling*.

Soweit Stein. Und wenn wir dasselbe nun mit der oben zitierten Stelle aus »Großer doppelherziger Strom« machen und die fünf Ausdrücke kursivieren, die am häufigsten verwendet werden (down, he, meadow, river, trout), dann kommen wir zu folgendem Ergebnis:

---

* »Die Komposition die sich um mich bildete war eine verlängerte Gegenwart. Eine Komposition einer verlängerten Gegenwart ist eine natürliche Komposition in einer Welt wie sie in diesen dreißig Jahren gewesen ist war sie immer mehr eine verlängerte Gegenwart. Ich schuf dann eine verlängerte Gegenwart ich wusste natürlich nichts von einer ununterbrochenen Gegenwart doch es fiel mir wie von selbst ein eine zu machen, es war einfach es war mir klar und niemand wusste warum es so gemacht wurde, ich wusste es selbst nicht obwohl es mir natürlich natürlich vorkam. Danach machte ich ein Buch mit dem Titel *The Making of Americans* es ist ein langes Buch etwa tausend Seiten. Auch hier war für mich alles so natürlich und auf immer kompliziertere Weise eine fortgesetzte Gegenwart. Eine fortgesetzte Gegenwart ist eine fortgesetzte Gegenwart. Ich machte fast tausend Seiten von einer fortgesetzten Gegenwart«. Vgl. »Composition as Explanation«, in: Ulla E. Dydo (Hrsg.), *A Stein Reader*, Evanston, IL 1993, S. 493–503, hier S. 498.

He came *down* a hillside covered with stumps into a *meadow*. At the edge of the *meadow* flowed the *river*. Nick was glad to get to the *river*. *He* walked upstream through the *meadow*. His trousers were soaked with the dew as *he* walked. After the hot day, the dew had come quickly and heavily. The *river* made no sound. It was too fast and smooth. At the edge of the *meadow*, before *he* mounted to a piece of high ground to make camp, Nick looked *down* the *river* at the *trout* rising. They were rising to insects come from the swamp on the other side of the stream when the sun went *down*. The *trout* jumped out of water to take them. While Nick walked through the little stretch of *meadow* alongside the stream, *trout* had jumped high out of water. Now as *he* looked down the *river*, the insects must be settling on the surface, for the *trout* were feeding steadily all *down* the stream. As far *down* the long stretch as *he* could see, the *trout* were rising, making circles all down the surface of the water, as though it were starting to rain.

Er kam eine mit Baumstümpfen bedeckte Böschung *hinunter* auf eine *Wiese*. Am Rand der *Wiese* strömte der *Fluß*. Nick war froh, an den *Fluß* zu kommen. *Er* ging durch die *Wiese* stromaufwärts. Seine Hose wurde vom Tau durchnäßt, als *er* ging. Nach dem heißen Tag war der Tau früh und schwer gefallen. Der *Fluß* machte kein Geräusch. *Er* [it] strömte zu schnell und glatt dahin. Bevor Nick zu einem hochgelegenen Platz hinaufstieg, um sein Lager aufzuschlagen, sah *er* vom Rand der *Wiese* den *Fluß* entlang auf die steigenden *Forellen*. Sie kamen an die Oberfläche nach den Insekten, die aus dem Sumpf am anderen Ufer des Stromes kamen, als die Sonne *unterging* [went *down*]. Die *Forellen* sprangen aus dem Wasser, um sie zu schnappen. Während Nick durch das schmale Stück *Wiese* den Strom entlangging, waren *Forellen* hoch aus dem Wasser emporgeschnellt. Als *er*

jetzt den Strom *abwärts* [*down*] blickte, hatten sich die
Insekten wohl auf der Wasseroberfläche niedergelassen,
denn die *Forellen* fraßen gleichmäßig den ganzen Strom
hinunter [*down*]. Auf der langen Strecke, so weit *hinunter*,
wie *er* sehen konnte, stiegen die *Forellen* auf und machten Kreise, so, wie wenn es zu regnen anfinge.

Nicht nur ist »Großer doppelherziger Strom« weit weniger repetitiv als »Melanctha«; es ist vielmehr so, dass sich die Funktion der Redundanz auf dem Niveau, auf das sie bei Hemingway abfällt, *in ihr Gegenteil verkehrt*: Statt den Text schwerer lesbar zu machen, macht sie ihn eingängiger. Steins absichtlich opake Adverbien und Adverbialbestimmungen (mehr, jetzt, jeden Tag) werden durch vollkommen wiedererkennbare Objekte ersetzt (Fluss, Wiese, Forelle), die in einer ordentlichen Reihe präsentiert werden: Wiese und Fluss werden in der ersten Hälfte des Abschnitts viermal wiederholt, um die Szenerie zu beschreiben; nachdem die Forellen in der Mitte des Absatzes »auftauchen«, kehren beide jeweils nur noch einmal wieder, während die Forellen noch vier weitere Male erwähnt werden. Vom Ökosystem zum Organismus; der Fokus wird auf das schlussendliche Ziel der Erzählung hin verengt beziehungsweise es wird *anvisiert*. Ohne dies ausdrücklich berichtet zu bekommen, verstehen wir, dass Nick sich kontinuierlich durch die erzählte Welt bewegt hat, um sich an seine Beute anzupirschen. Das ist gewiss keine dramatische Entwicklung, doch ist sie – insbesondere vor dem Hintergrund der Stein'schen Trägheit – absolut klar. Genau wie mit der Joyce'schen Knappheit nimmt Hemingway die Experimente des frühen 20. Jahrhunderts zum Ausgangspunkt und zieht sich dann auf eine viel »durchschnittlichere« Position zurück: kurze Sätze – aber nicht so abgehackt wie die von Joyce; Wiederholungen – aber nicht so hartnäckig wie die von Stein. Das ist keine Frage von Zynismus oder Kalkül; schließlich hat er in *In einem anderen Land [A Farewell to Arms]* tatsächlich eine

Bewusstseinsstrom-Passage eingebaut, und Stein selbst war es, die ihn (glücklicherweise) davon überzeugte, sie wieder zu streichen. Hemingways Talent lag nämlich einfach nicht im Erkunden formaler Extreme, wie es für das modernistische Temperament typisch war. Es wies in eine andere Richtung.

II.

Know-how. Es gibt ein Verb, das in »Großer doppelherziger Strom« immer wiederkehrt – und das für einen Autor wie Hemingway nicht gerade auf der Hand liegt:

> Es konnte nicht alles verbrannt sein. Er *wußte* das. [...] Er brauchte die Karte nicht herauszunehmen. Er *wußte*, der Lage des Flusses nach, wo er war. [...] Er *wußte*, wo er auf den Fluß stoßen wollte. [...] Er *wußte*, daß er jederzeit, wenn er links abbog, auf den Fluß stoßen konnte. [...] Nick *wußte*, es war zu heiß. [...] Er *wußte*, die Bohnen und die Spaghetti waren noch zu heiß. [...] Er *wußte*, es war eine kleine. [...] Nick *wußte*, die Zähne der Forelle würden den Draht des Widerhakens durchbeißen. [...] Nick *wußte*, daß es an jeder schattigen Stelle Forellen gibt.*

Warum diese Fixierung auf das »Wissen« in einer Geschichte von einem Mann, der fischen geht? Gilbert Ryles

---

* [Hervorh. F. M.] »It could not all be burned. He *knew* that. [...] He did not need to get his map out. He *knew* where he was by the position of the river. [...] He *knew* where he wanted to strike the river. [...] At any time he *knew* he could strike the river by turning off to his left. [...] He *knew* it could not be more than a mile. [...] He *knew* it was too hot. [...] He *knew* the beans and spaghetti were still too hot. [...] He *knew* it was a small one. [...] Nick *knew* the trout's teeth would cut through the snell of the hook. [...] Nick *knew* there were trout in each shadow.«

berühmter Vortrag »Knowing How and Knowing That« (»Können und Wissen«) ist ein guter Ausgangspunkt.* »Wissen« – oder, expliziter, »Wissen, dass etwas der Fall ist« (S. 4) – manifestiert sich im »Denken« (S. 5), in »theoretischen Zitaten« (S. 7), dem »Aufstellen von Behauptungen« (S. 8), in »Dikta« (S. 8) und so fort; es besteht aus Beschreibungen und Erklärungen und wird deshalb notwendigerweise in Worten ausgedrückt. Im Gegensatz dazu braucht das »Können« jemanden, der »Urteile abgeben *kann*«, der aber – und die Verschiebung bei den Modalverben sagt alles – »umsichtig vorgehen *muss*« (S. 8 f.). Die grundlegende Modalität des Könnens sind nicht Worte, sondern Handlungen: »Verrichtungen« (S. 2) – und präziser noch, »praktische Verrichtungen« (S. 2) – auf der Grundlage einer Art von »Intelligenz, die sich in Taten, nicht in [...] Dikta zeigt« (S. 8). Taten statt Worte. Nick, wie er sein Lager errichtet:

> Mit der Axt spaltete er ein helles Kiefernscheit von einem der Stümpfe ab und schnitt daraus Pflöcke für sein Zelt. Er brauchte lange, starke, die fest in der Erde staken. Nachdem er das Zelt ausgepackt und auf der Erde ausgelegt hatte, sah sein Packen, der gegen eine Strauchkiefer lehnte, viel kleiner aus. Nick band das Seil, das dem Zelt als Firststange diente, an den Stamm eines der Kiefernbäume, zog das Zelt mit dem anderen Seilende vom Boden hoch und band es an der zweiten Kiefer fest. Das Zelt hing auf dem Seil wie eine Decke auf einer Wäscheleine. Nick steckte einen Pfahl, den er zurechtgeschnitten hatte, unter die hintere Spitze der Zeltbahn und machte ein Zelt daraus, indem er die Seiten auspflöckte. Er pflöckte die Seiten straff aus und schlug die Pflöcke mit der flachen Axt tief in den Boden,

---

* Gilbert Ryle, »Knowing How and Knowing That«, in: *Proceedings of the Aristotelian Society* (1945/46), S. 1–16.

bis die Seilschlingen mit Erde bedeckt waren und die Plane Stramm wie ein Trommelfell war (S. 180).*

In dieser eminent »praktischen Verrichtung« – Axt, Kiefer, Stümpfe, Zelt, Erde, Seil – schneidet Nick aus dem Kiefernscheit »Pflöcke *für* sein Zelt«. Er braucht lange, starke Pflöcke, die »fest in der Erde staken« (»the pegs must be ›long and solid *to* hold the ground‹«); er schlägt sie »tief in den Boden, *bis* die Seilschlingen mit Erde bedeckt waren«. Obwohl seine Absichten nie explizit zum Ausdruck gebracht werden, macht die Häufigkeit der Finalsätze alles, was er tut, außerordentlich *zweckmäßig*. Ohne »Lippenbekenntnisse zu Regeln und Grundsätzen« (nochmals Ryle) zeigt der Text, wie das Können einem ungeschriebenen Muster folgt, in dem Bewegungen wie Glieder einer Kette ineinandergreifen. Keine Handbewegung ist überflüssig oder ungenau; sie sind alle »nützlich«; ausgeführt, *um etwas anderes zu tun*. Die Zeit wird sauber und in aller Ruhe segmentiert: »spaltete er ein helles Kiefernscheit [...] *und* schnitt daraus«; »Nick [...] zog das Zelt [...] vom Boden hoch *und* band es an der zweiten Kiefer fest«. Jeder Satzteil ist ein neuer Schritt, und nur *ein* Schritt; jede Bewegung ist so sauber eingelassen in das, was vorhergeht, und das, was folgt, dass wir ihre Neuigkeit aufnehmen, ohne jemals überrascht zu sein. Und man fragt sich: Warum sollte man eine Ge-

---

* »With the ax he slit off a bright slab of pine from one of the stumps and split it into pegs for the tent. He wanted them long and solid to hold the ground. With the tent unpacked and spread on the ground, the pack, leaning against a jack pine, looked much smaller. Nick tied the rope that served the tent for a ridgepole to the trunk of one of the pine trees and pulled the tent up off the ground with the other end of the rope and tied it to the other pine. The tent hung on the rope like a canvas blanket on a clothesline. Nick poked a pole he had cut up under the back peak of the canvas and then made it a tent by pegging out the sides. He pegged the sides out taut and drove the pegs deep hitting them down into the ground with the flat of the ax until the rope loops were buried and the canvas was drum tight.« (S. 183)

schichte auf so bescheidene, geradezu selbstauslöschende Art und Weise schreiben?

Wörter und Dinge. Werfen wir noch einen Blick auf den Stil des Könnens. Diesmal bereitet sich Nick darauf vor, fischen zu gehen:

> Nick saß *mit der Angel / auf den Knien* und nahm ihn *aus seinem Hakenbuch*. Er probierte den Knoten und die Elastizität *der Rute* aus, indem er die Schnur straff zog. Es fühlte sich richtig an. Er gab acht, daß der Haken ihm nicht *in den Finger* ging.
> Er machte sich *zum Fluß auf*, in der Hand die Angelrute. *Um seinen Hals* hing die Flasche *mit Grashüpfern / an einem Riemen*, / den er *mit Schluppen um den Flaschenhals* befestigt hatte. Sein Kescher hing *an einem Haken / an seinem Gürtel*. Über seine Schulter hing ein großer Mehlsack, dessen Ecken / *zu Schweinsohren* abgebunden waren. Die Schnur lief über seine Schulter. Der Sack schlug *gegen seine Beine*.
> Nick fühlte sich unbeholfen und fachmännisch stolz *mit der ganzen Ausrüstung*, die *an ihm* herunterhing. Die Grashüpferflasche schlug *gegen seine Brust*. Die Brusttaschen seines Hemdes, / *in denen sein Essen und sein Fliegenbuch* steckten, / bauschten sich (S. 187).*

---

* »Nick took it *from his hook book*, sitting *with the rod / across his lap*. He tested the knot and the spring *of the rod* by pulling the line taut. It was a good feeling. He was careful not to let the hook bite *into his finger*. He started *down to the stream*, holding his rod, the bottle *of grasshoppers* hung *from his neck / by a thong* tied *in half hitches / around the neck / of the bottle*. His landing net hung *by a hook / from his belt*. / *Over his shoulder* was a long flour sack tied *at each corner / into an ear*. The cord went *over his shoulder*. The sack flapped *against his legs*. Nick felt awkward and professionally happy *with all his equipment* hanging *from him*. The grasshopper bottle swung *against his chest*. *In his shirt* the breast pockets bulged *against him / with the lunch and his fly book*« (S. 190).

Zwölf kurze Sätze und *fünfundzwanzig* Präpositionalphrasen, die in der Textstelle kursiviert sind.* Präpositionalphrasen festigen die Beziehungen zwischen den Elementen eines Satzes (etwa zwischen Nicks Brust, Hemd, Mittagessen und Fliegenbuch) und bilden in dieser Hinsicht ein weiteres Mittel, um die strenge Verkettung von Nicks praktischer Performanz hervorzuheben. Dieses Mal *haben sich die Performanzen allerdings bereits ereignet*. Im Gegensatz zu der Vorwärtsausrichtung der Zelt-Szene, in der Nick permanent bewusst war, wie sein nächster Schritt aussehen würde, sagen uns die präpositionalen Bestimmungen, was er *schon getan* hat: sein Mittagessen vorbereiten, es einpacken, in die Hemdtasche stecken und so weiter. Handlungen werden im wahrsten Sinne des Wortes *vergegenständlicht*: Sie werden nicht mehr wie Handlungen präsentiert, sondern als Teile seines Hemds oder seiner Tasche. Wenn wir lesen: »*Um seinen Hals* hing die Flasche *mit Grashüpfern / an einem Riemen*, / den er *mit Schluppen um den Flaschenhals* befestigt hatte«, dann ist Nicks vergangenes Tun (die Grashüpfer fangen, sie in die Flasche stecken, die Flasche auf eine bestimmte Weise befestigen, sodass sie um seinen Hals hängt) in Hemingways Worten immer noch irgendwie enthalten, aber nicht mehr wirklich *sichtbar*: Es liegt versunken, unter der Sprachoberfläche, so wie die sieben Achtel des Eisbergs. Hier hat es eine (kleine) Geschichte gegeben, die aber nicht mehr *als* eine Geschichte ausgegeben wird. Und so sehen wir uns ein weiteres Mal vor dieselbe Frage

---

* Schon Cluett hatte Hemingways Verwendung von Präpositionalphrasen bemerkt, ihre Funktion allerdings nicht im Einzelnen analysiert (vgl. das bereits zitierte Buch *Prose Style and Critical Reading*, S. 154–157). Zu Präpositionalphrasen im Allgemeinen vgl. Biber u. a., *Longman Grammar of Spoken and Written English*, Harlow 1999, S. 763–812. Zufälligerweise ist der Eröffnungssatz von »Großer doppelherziger Strom« eine Art dieser grammatischen Konstruktion: »Der Zug *fuhr weiter*, / *das Gleis entlang*, / *außer Sicht*, / *um einen von den Hügeln* / *mit niedergebranntem Baumbestand*.« (»The train *went on* / *up the track* / *out of sight*, / *around one of the hills* / *of burnt timber*.«)

gestellt: Wozu dient Hemingway diese ganze erzählerische Schonhaltung? Nach der langsamen Modulation seines thematischen Blickpunkts (von der Wiese über den Fluss bis zur Forelle, mit allem, was dazwischen lag) und nach den »umsichtigen« Eins-nach-dem-anderen-Verrichtungen des Könnens – zwei Konventionen, die die Vorwärtsbewegung seiner Geschichte kontrolliert hatten – verlängern die präpositionalen Bestimmungen seine Umsichtigkeit sogar *rückwärts in der Zeit*. Doch warum? »Jede Form ist die Auflösung einer Grunddissonanz des Daseins«, schrieb Lukács in *Die Theorie des Romans*.* Gut. Welches ist dann die Dissonanz, die Hemingway aufzulösen versucht – und warum macht er das auf so seltsame Weise?

Nichts konnte ihm etwas anhaben. »Im Umgang mit Kriegsliteratur«, so hat Eric Leed bemerkt, »hat man es mit dem Zeugnis von Männern zu tun, die in der Regel wenig oder keine Kontrolle über die Ereignisse besaßen, die ihr Leben bedrohten«.† Keine Kontrolle: Das ist das Schlüsselwort. Bei Hemingways Stil geht es *einzig und allein um Kontrolle*: über die eigenen Bewegungen, die Zeit, die Umwelt, Werkzeuge. Nach der erschütternden Unverhältnismäßigkeit zwischen der Macht der Militärtechnologie und Benjamins »winzige[m], gebrechliche[m] Menschenkörper« erschafft seine Prosa eine Welt, in der der menschliche Körper wieder das Maß aller Dinge ist. Alles, was Nick bei sich hat, ist eine Axt, ein Seil, ein Zelttuch und eine Angelschnur: Selbst Robinson Crusoe hatte mehr. Da er aber so wenig hat, kann er das Gefühl entwickeln, dass alles, was er tut, wirklich sein eigenes Werk ist – und auch *die Zeit* als seine eigene wahrnehmen. Das Leben in den Schützengräben schwankte wild zwischen ausgedehnten Zeiträumen der Langeweile und

---

* Georg Lukács, *Theorie des Romans*, a. a. O., S. 52.
† Eric J. Leed, *No Man's Land. Combat and Identity in World War I*, Cambridge 1981, S. 33.

kurzen Momenten des Grauens; Hemingways Stil schwankt überhaupt nicht: Ordentlich und konsistent und ohne jede Unterbrechung begründet er einen bedächtigen Eindruck des »Gegenwärtigen«: eine kurze Brücke, die von dem jüngst Vergangenen der präpositionalen Bestimmungen zur unmittelbaren Zukunft der Finalsätze führt. Auch hier: Umsicht; *Genesung* (in ein paar Jahren im Zentrum von Hemingways erstem großem Erfolg, *In einem anderen Land*).* Und wie es bei der Genesung oftmals der Fall ist, wird die Enge des eigenen Horizontes nicht als Einschränkung wahrgenommen, sondern als Quelle der Geborgenheit:

> Vor die Öffnung des Zeltes spannte Nick Gaze, um die Moskitos auszusperren. Er kroch unter der Latte des Moskitoschutzes mit einer Reihe von Dingen aus seinem Packen durch, um sie ans Kopfende seines Lagers unter die schräge Plane zu legen. Drinnen drang das Licht durch die braune Plane. Es roch angenehm nach Leinwand. Schon hatte es etwas Angenehmes und Gemütliches. Nick war glücklich, als er in dem Zelt umherkroch. (S. 180)†

Spannte, auszusperren, kroch, unter die schräge Plane, Gemütliches, glücklich, als er [...] umherkroch ... [E]in ge-

---

* Die Forellenfischerei eignet sich ideal zur Genesung, weil sie vollkommene Risikolosigkeit mit jener Prise Ungewissheit kombiniert – »Die Schnur wurde schlaff, und Nick glaubte, die Forelle sei weg. Dann sah er sie [...]« (S. 194) –, die unerlässlich ist, um eine Geschichte in Bewegung zu halten. Speerfische, Haie, Stiere und Elefanten werden letztlich eine aufregendere Mischung aus technischem Know-how (um die Gefahr unter Kontrolle zu halten) und unvorhersehbarer tierischer Macht bieten (um die Erzählspannung schnell zu steigern).

† »Across the open mouth of the tent Nick fixed cheesecloth to keep out mosquitoes. He crawled inside under the mosquito bar with various things from the pack to put at the head of the bed under the slant of the canvas. Inside the tent the light came through the brown canvas. It smelled pleasantly of canvas. Already there was something mysterious and homelike. Nick was happy as he crawled inside the tent« (S. 184).

meinsame[s] Glück des Eingegrenzten«, schrieb Roland Barthes in einem Aufsatz seiner *Mythen des Alltags*, »das man in der kindlichen Leidenschaft für Hütten und Zelte wiederfindet«.* Kinder: In den Schützengräben nahmen die Soldaten zum »Schutz« gegen das Artilleriefeuer eine Embryohaltung ein. Nicks Zelt hat eine ähnliche Funktion:

> [...] Nick war glücklich, als er in dem Zelt umherkroch. Er war tagsüber nicht unglücklich gewesen. Dies jedoch war anders. Jetzt war alles getan. Das hatte getan werden müssen. Jetzt war es getan. Es war eine anstrengende Tour gewesen. Er war sehr müde. Das war geschafft. Er hatte sein Lager aufgeschlagen. Es war unter Dach. Nichts konnte ihm etwas anhaben. (S. 184)†

Nichts konnte ihm etwas anhaben. Fotos aus dem Burenkrieg eine Generation zuvor zeigen Lager aus langen, ordentlichen Zeltreihen: wo die Soldaten zu schlafen pflegten, bevor sie in die Schützengräben geworfen und dem von Benjamin beschriebenen »Kraftfeld zerstörender Ströme« ausgesetzt wurden. Ein Stück Zeltstoff ist selbstverständlich nur ein symbolischer Schutz vor Bomben und Gas; doch Symbole – und Magie – wurden im Ersten Weltkrieg ungeheuer mächtig. Hemingways Prosastil ist Teil dieser Magie: eine Art retrospektive Austreibung eines unaussprechlichen Traumas. Er hatte sein Lager aufgeschlagen. Er war unter Dach. Nichts konnte ihm etwas anhaben.

---

* Roland Barthes, »Nautilus und Trunkenes Schiff«, in: ders., *Mythen des Alltags* [1957], übers. von Helmut Scheffel, Frankfurt a. M. 1964, S. 39–42, hier S. 39.

† »Nick was happy as he crawled inside the tent. He had not been unhappy all day. This was different though. Now things were done. There had been this to do. Now it was done. It had been a hard trip. He was very tired. That was done. He had made his camp. He was settled. Nothing could touch him.« (S. 184)

4 Tag und Nacht: Über den Kontrapunkt von Western und Film noir

Tag und Nacht. Abbildung 2: John Fords Postkutsche ist auf dem Weg; wir sehen das unebene Gelände, die Felstürme des Monument Valley, den Horizont, die Wolken am Himmel (*Ringo* [*Stagecoach*, 1939]). Es ist die Totale des Westerns: eine Form des Filmens, die die Landschaft zum Protagonisten der Geschichte macht; ein Raum, der so unermesslich groß ist, dass die Menschen in ihm zu Zwergen werden; der leere, »fremde« Raum jenseits der Siedlungsgrenze, »der für die Pioniere der damaligen Zeit ein so unheimlicher Ort war wie eine Mondlandschaft für uns heute«.* Abbildung 3: Barbara Stanwyck und Fred MacMurray planen ihre nächsten Schritte in *Frau ohne Gewissen* (*Double Indemnity*, 1944); städtischer Alltag in einem Supermarkt: Kunden laufen vorbei, eine Frau kauft Babynahrung, ein Mitarbeiter schiebt einen Wagen mit Waren; Kisten, Dosen, Zeug überall; ein vollgestellter Raum, der durch die typischen Nahaufnahmen des Film noir noch voller wirkt. Die Nähe bringt aber keine Klarheit: Durch die Sonnenbrille ist Stanwycks Gesichtsausdruck völlig unlesbar (und es wird nicht besser, wenn sie sie später abnimmt). Im Western das genaue Gegenteil: Die Entfernung macht es oft schwer zu sehen – all diese Figuren, die die Brauen runzeln und die Augen zusammenkneifen, um aus den Gestalten, die sich am Horizont abzeichnen, schlau zu werden –, niemals aber erzeugt sie *Unklarheit*; entweder man sieht, oder man sieht nicht. Tageslicht; *Zwölf Uhr mittags* (*High Noon*); ein Filmgenre unter freiem Himmel, versessen auf Farbe, die es in dem Moment für sich entdeckt, in dem dies technisch möglich wird. Nicht so der Film noir, dessen

---

* Richard Slotkin, *Gunfighter Nation. The Myth of the Frontier in Twentieth-Century America*, Norman, OK 1992, S. 305.

Abb. 2: *Ringo* (1939)

Abb. 3: *Frau ohne Gewissen* (1944)

Leidenschaft für die Dunkelheit – *Wenn die Nacht anbricht* (*Nightfall*), *Vergessene Stunde* (*Black Angel*), *Das Haus der Lady Alquist* (*Gaslight*), *Die Nacht des Jägers* (*The Night of the Hunter*), *Feind im Dunkel* (*The Dark Corner*) – ihn fest an die tausend Schattierungen von Schwarz und Weiß bindet.*
Sie sind Zeitgenossen, diese beiden großen Kinogenres der Nachkriegszeit; und sie bilden eine Antithese. Im folgenden Kapitel wird ihr Gegensatz untersucht und auf seine historische Bedeutung hin abgeklopft.

I.

Westen. Ursprünglich gab es so etwas wie »den Western« gar nicht: Das englische Wort »Western« war einfach nur ein Adjektiv, das einer Reihe unterschiedlicher Filmgenres, von »Westernkomödien« über »Westernmelodramen« bis zu »Verfolgungsjagd-Filmen«, »Liebesfilmen« und »Monumentalfilmen«, etwas Lokalkolorit verlieh.† Doch das geographische Adjektiv stellte bald die Substantive, denen es dienen sollte, in den Schatten, weil die Geographie für die neue Form entscheidend war. Man halte sich die Titel vor Augen: Flüsse (*Red River, Rio Bravo, Rio Grande*); Bundesstaaten und sonstige Großgebiete (*Der Mann aus Virginia* [*The Virginian*], *Texas Rangers, Nevada Smith, California,*

---

* »Ein bisschen fremd sah der Laden ja bei Tageslicht aus«, sinniert Burt Lancaster in *Gewagtes Alibi* (*Criss-Cross,* 1949). Etwa dieses Gefühl hat man, wenn man sich *Der Tod kommt auf leisen Sohlen* (*Murder by Contract,* 1958) mit seiner merkwürdigen Vorliebe für das Tageslicht und für Außenaufnahmen anguckt. »Du wirst es [das Haus des Mordopfers] doch sicher mal sehen wollen?«, fragt der Handlanger des Mörders, während sie in Los Angeles in einem Cabrio herumkurven. »Heut nicht«, lautet die Antwort, »dazu ist das Wetter zu schön. Da belast' ich mich nicht gern mit sowas.« [Filmzitate sind in der Regel den deutschen Synchronfassungen entnommen. Sie sind dann frei übersetzt, wenn diese Fassungen die Interpretation Morettis unverständlich werden lassen (A. d. Ü.).]
† Rick Altman, *Film Genre*, London 1999, S. 36.

Cimarron ...); Außenposten (*Bis zum letzten Mann* [*Fort Apache*], *Alamo* [*The Alamo*], *Einer gibt nicht auf* [*Comanche Station*]); ein paar Städte (*Vera Cruz*, *Todeszug nach Yuma* [*3:10 to Yuma*], *Ein Mann der Tat* [*San Antonio*], *Der Mann aus Laramie* [*The Man from Laramie*]); und außerdem ein komplettes Lexikon des Raums und der Bewegung (*Der große Treck* [*The Big Trail*], *Der große Bluff* [*Destry Rides Again*], *Ringo* [*Stagecoach*], *Meuterei am Schlangenfluß* [*Bend of the River*], *Zwei ritten zusammen* [*Two Rode Together*], *Feuer am Horizont* [*Canyon Passage*] ...). Jede Geschichte braucht natürlich einen Raum, in dem sie sich entfalten kann, doch der Western tut mehr als das; er ist verliebt in den Raum; er stellt ihn, wann immer möglich, leinwandbreit in den Mittelpunkt. Der Beginn des Viehtriebs in *Red River* (1948): Zwei Minuten lang sehen wir einen statischen Hintergrund (Viehtreiber und Herde im Sonnenaufgang, bewegungslos vor der Landschaft), ein so eindrucksvolles Panorama – das ist unser Vieh, das ist unser Land –, dass ihm nicht einmal ein legendärer Anschlussfehler etwas anhaben konnte,* einen zuversichtlichen Orientierungssinn (»Führ' sie nach Missouri, Matt«) und eine Explosion der Lebenslust.† An-

---

* In Anbetracht der ursprünglichen Kameraposition kann die Aufnahme unmöglich auf John Waynes rechter Seite enden, was sie aber tut. Doch das spielt keine Rolle.

† Auch wenn sich *Red River* nach Norden bewegt (von Texas nach Kansas und dann nach Missouri), ist die Ausrichtung dieses Filmgenres klarerweise der Westen (es gibt sogar einen John-Wayne-Film mit dem Titel *Westwärts!* [*Westward Ho*, 1935], der allerdings nichts mit dem historischen Roman aus der Zeit der elisabethanischen Expansion zu tun hat); es beschreibt eine Bewegung, die den Schwerpunkt der amerikanischen Identität immer weiter von der Alten Welt fort verlagert; in der Stadt Tombstone erinnert sich der betrunkene Darsteller in *Faustrecht der Prärie* [*My Darling Clementine*, 1946] nicht mehr an den Hamlet-Monolog »Sein oder Nichtsein« (und Doc Holliday, der es tut, verstummt durch einen Hustenanfall). Bezeichnenderweise wird die Westwärts-Bewegung in der Regel angehalten, bevor sie den Pazifik erreicht, weil dessen unüberwindliche Ausdehnung sonst der expansionistischen Energie des Genres einen Dämpfer versetzen würde; die Szenen, die in seinen Gewässern spielen

fänge eignen sich besonders gut, um die Unermesslichkeit dieses Raums zu beschwören: In *Der Mann aus dem Westen* (*The Man of the West*, 1958) taucht ein Reiter am Horizont auf, lässt seinen Blick über die leere Weite ringsum schweifen und reitet ruhig weiter; in *Der Mann aus Virginia* (*The Virginian*, 1929) und in *Faustrecht der Prärie* zerstreut sich eine Kuhherde langsam in alle Himmelsrichtungen; in *Red River*, *Der Mann aus Laramie* (1955) und *Rio Bravo* (1959) sind es Planwagen, die vorsichtig in die eine oder andere Richtung ziehen. Vorsichtig, langsam, ruhig: das anfängliche Tempo des Westerns, *lento assai*. Die ersten zehn Minuten von *Spiel mir das Lied vom Tod* (*Once Upon a Time in the West,* 1968): drei Männer an einem Bahnhof, eine surrende Fliege, ein quietschendes Wagenrad, ein Wassertropfen, der auf eine Hutkrempe fällt. In keinem anderen Genre spielt das *Warten* – auf den Zug, auf den Angriff, auf die Nacht, auf die Postkutsche, die Kavallerie ... – eine so große Rolle: ein gedehntes Zeitgefühl, Spiegel der Erweiterung des Raums. *Der große Treck* (*The Big Trail*), *Der weite Himmel* (*The Big Sky*), *Weites Land* (*The Big Country*). Groß, weit und leer: Der erste, der in diesen Filmen immer seinen Blick über das Land »schweifen lässt«, ist ein weißer Mann, *der nichts anderes sieht als unbewohntes Land*. Amerikanische Ureinwohner – »Indianer«, wie sie im Western heißen – lebten natürlich längst im Westen (und übrigens auch sonst überall in Amerika); dadurch aber, dass der Western sie immer erst auftreten lässt, *nachdem* er uns schon mit den weißen Figuren vertraut gemacht hat, lässt er sie wie unbefugte Eindringlinge aussehen. In Wahrheit waren sie zuerst da; im Spielfilm kommen sie immer zu spät. Selten hat eine Narration so eindrucksvoll über die Geschichte gelogen, die sie zu erzählen vorgab.

(wie etwa die Eröffnungssequenz von *Über den Todespaß* [*The Far Country*, 1954]), sind folglich so gefilmt, dass sie den Ozean praktisch ausblenden.

Planwagentreck. Der Film ist »eine spezifisch epische Kunst«, schrieb André Bazin in einem berühmten Aufsatz über das amerikanische Kino, und: »Der Marsch nach dem Westen ist unsere *Odyssee*«.* Episch stimmt, *Odyssee* nicht. Dass es keine Rückkehr gibt, ist das Grundgesetz des Genres. Heimat ist eine vage Hoffnung, fern in Raum und Zeit; das einzige, was es im Moment gibt, ist ein Planwagen; zwei oder drei Generationen vereint, umgeben von Hunderten anderer Familien, die alle verschieden sind und alle genau dasselbe Leben führen. Ein Leben im Freien, auf unstet schwankenden Veranden, unter den Augen aller anderen; denn worauf es in diesen Filmen ankommt, ist nicht die Privatsphäre der einzelnen Familie – nie sehen wir das Innere eines Wagens, und die Intimität einer sentimentalen Unterhaltung oder einer gründlichen Wäsche wird oft mit dem derben Humor des Kollektivs gebrochen –, sondern das Verschmelzen aller zu einer Gemeinschaft. Zu einer Nation. »Sie kamen aus dem Norden, Süden und Osten und versammelten sich am Flussufer des Mississippi, um den Westen zu erobern«, kündigt der Vorspann zu *Der große Treck* (1930) an.† Eroberung: Das Tempo bleibt langsam, doch es ist unbeirrbar geworden. »Ein [...] Anblick erfüllt das Auge«, schrieb Tocqueville zu Beginn der großen Wanderung nach Westen: »Das amerikanische Volk sieht sich selbst, wie es durch diese Wildnisse schreitet, Sümpfe austrocknet, die Flüsse eindämmt, die Einsamkeit bevölkert und die Natur bezwingt«; sie »träumen gern vom

---

* André Bazin, »Der Western – oder: das amerikanische Kino par excellence«, in: ders., *Was ist Kino? Bausteine zur Theorie des Films* [1959], übers. von Barbara Peymann, Köln 1975, S. 111–120, hier S. 120.

† »Wir folgen einer Fährte, die in England angefangen hat«, schreit der Kundschafter im selben Film, als der Wagentreck am Fuße der Rocky Mountains Halt macht und allmählich die Hoffnung schwindet, das Ziel jemals zu erreichen: »Nicht mal die Stürme des Meeres konnten diese ersten Siedler abhalten [...]. Verzicht und Hunger – nicht einmal ein Massaker hat sie aufgehalten. [...] Wir werden eine Nation gründen!«

Kommenden«.* Träumen ... Doch es gleicht eher einem Zwang. Der Zug der Planwagen kann nie anhalten: ein hastiges Gebet, und die Toten sind begraben und werden für immer zurückgelassen; ein Kind wird geboren, und Stunden später ist es schon unterwegs. Das tägliche Leben ist von unentrinnbarer Alltäglichkeit – immer werden Socken gestopft, immer wird Kaffee gekocht und das einzige passable Hemd gewaschen – und auf beängstigende Weise unvorhersehbar: eine Gefahr, die weniger von menschlichen Feinden ausgeht (obwohl der Konflikt mit den »Indianern« in den meisten Treck-nach-Westen-Filmen präsent ist) als von der Feindlichkeit der Natur: Immer ist es zu heiß, zu kalt, zu trocken, zu windig ... Regen, Staub, Schnee, Berge, Stromschnellen ...† So viel *Reibung* in diesen Filmen: keine Reise, bei der nicht ein Planwagen im Schlamm steckenbliebe; keine Szene, in der es zur Abwechslung mal berg*ab* ginge. Selten arbeiten die Filmcharaktere so hart wie in den frühen Western: um die Tiere beisammenzuhalten, Bäume zu fällen, Flüsse zu überqueren, Durchgänge zu graben, verrückte Hindernisse zu überwinden. Nach all der Mühsal‡

---

* Alexis de Tocqueville, *Über die Demokratie in Amerika*, a. a. O., S. 109 f.
† Auch die Verschiebung des Konflikts weg von den »Indianern« hin zur Natur ist eine Form, die Eroberung des Westens in einem völlig harmlosen Licht erscheinen zu lassen. Genau wie Afrikaner in den kolonialen Liebesfilmen (ein Genre aus dem späten 19. Jahrhundert, das praktisch auch ein Zeitgenosse des Westerns war), so werden auch die »Indianer« mit der natürlichen Landschaft Amerikas verschmolzen, bis man sie mehr oder weniger mit dieser identifiziert: Rauchzeichen, die von einem Felsen in der Ferne aufsteigen, Vogelrufe, die durch die Nacht hallen, Körper, die hinter raschelnden Zweigen kaum erkennbar sind, die Kriegspartei, die wie aus dem Nichts auf dem Gebirgskamm auftaucht ... Von *Ringo* bis *Der große Schweiger* (*The Stalking Moon,* 1968) verbindet sich die Existenz der »Indianer« mit einer chthonischen Qualität: zugleich urzeitlich, furchterregend und dem Untergang geweiht.
‡ Das Kapitel »Das Eigentum« in Lockes *Zweiter Abhandlung* – mit seiner Behauptung, dass »[s]eine *Arbeit* [...] es [das Land] aus den Händen der Natur genommen, wo es Gemeingut war und allen ihren Kindern gleichmäßig gehörte, und er [der Vater oder Herr] [...] es sich dadurch

haben sie den Westen ehrlich *verdient*. Sie waren eine sture, zielstrebige menschliche Herde; weshalb *Red River* mit seiner konkurrenzlos unspannenden Handlung (zehntausend Kühe von Texas nach Missouri bringen, das muss man sich einmal vorstellen) der monumentalste aller Monumental-Western ist. Dieses Vieh – das sind die Siedler: Und in der panikartigen Stampede des Films, ausgelöst von einem Mann, der mitten in der Nacht Zucker essen will, bricht das Zerstörungspotenzial der großen Wanderung nach Westen einen kurzen Moment lang wie ein Erdbeben, für alle sichtbar, hervor.

Sieben. Der Planwagentreck ist ein früher Protagonist in der Geschichte des Westerns; nach und nach verlässt das Genre dann die Prärie und kommt in den Ortschaften von *Faustrecht der Prärie*, *Zwölf Uhr mittags* oder *Rio Bravo* an. Irgendwo dazwischen liegt das große Mischwesen von *Ringo*: ein Film, der sich von einer Stadt zur anderen bewegt, sie beide für unbewohnbar erklärt* und sich dann auf den Mikrokosmos der Wildwest-Gesellschaft konzentriert, die der Zufall für die Reise zusammengewürfelt hat. Sieben Reisende im überfüllten öffentlichen Raum der Postkutsche: ein Verbrecher auf der Flucht; ein alkoholabhängiger Arzt; eine Prostituierte; ein ehemaliger Südstaaten-Rebell

---

angeeignet [*hat*]« – bot ein ideales Argument, um die Enteignung der amerikanischen Ureinwohner durch die Siedler zu legitimieren. Aus diesem Grund werden letztere typischerweise auch als Jäger dargestellt – mit anderen Worten, als Menschen, die das Land nicht bestellen –, während ihre landwirtschaftliche Kultur im Gegenzug heruntergespielt oder gänzlich ignoriert wird. Vgl. John Locke, *Zweite Abhandlung über die Regierung* [1690], übers. von Hans Jörn Hoffmann und Ludwig Siep, Frankfurt a. M. 2007, S. 32.

* Der erste Ort, Tonto, ist klein, frömmlerisch und intolerant, der zweite, Lordsburg, groß, gesetzlos und brutal. Da fünf der sieben Reisenden (Bankier, Arzt, Prostituierte, Glücksspieler, Händler) ihren Beruf nur in einem städtischen Umfeld ausüben können, ist Fords Darstellung der Orte besonders auffällig.

und Glücksspieler; ein korrupter Bankier; eine Ehefrau, die ihre Schwangerschaft verbirgt; und, der »normalste« von allen: ein Schnapsreisender. Als würde der Film eine Art Experiment durchführen, lässt er die Temperatur um seine Reisenden allmählich ansteigen und zeigt in einem denkwürdigen Stakkato von Ein-Minuten-Szenen – gerahmt von den Außenaufnahmen der Kutsche, die durchs Monument Valley prescht, so als solle uns in Erinnerung gerufen werden, unter welchem Druck sie alle stehen – die sieben Figuren, wie sie ein ums andere Mal aneinandergeraten.[*] Im Verlauf des letzten dieser Gespräche bringt der Arzt auf den Punkt, wie unwahrscheinlich ihre Begegnung von Anfang an gewesen ist: »Ladies und Gentlemen, da es ziemlich unwahrscheinlich ist, dass wir jemals wieder das Vergnügen haben werden, uns gesellschaftlich zu begegnen …«[†] Dann saust ein Pfeil durch die Luft, und der Kampf gegen die Apachen vereint die sieben für ein paar Minuten. Kaum ist die Gefahr vorüber, trennen sie sich ein für alle

---

[*] Der Arzt und der Glücksspieler streiten über den Bürgerkrieg (»dem Rebellenkrieg ...« »Sie meinen wohl die Konföderation der Südstaaten, Doktor!«) und über die Doppeldeutigkeit des Begriffs »Gentleman«. Der Bankier, Gatewood, der sich mit allen Bankeinlagen aus dem Staub gemacht hat, bringt seinen Abscheu vor dem »berüchtigten Ringo Kid« zum Ausdruck, der direkt neben ihm sitzt, während der Arzt und der Schnapsreisende ein melancholisches Kammerspiel der betrunkenen Hilflosigkeit aufführen. Die zwei Frauen – die Lady und die Hure – sagen die meiste Zeit nichts, wodurch sie den Wettbewerb der Worte durch ein Drama der Blicke ergänzen. Bezeichnenderweise ist der Bankier derjenige, der sich berechtigt fühlt, sich an die Gruppe als ganze zu wenden, so als könne ausgerechnet er im Namen eines »Gemeininteresses« sprechen: »Freie Wirtschaft über alles! Lasst die Geschäftsleute schalten und walten! Runter mit den Steuern! Die Regierung wird doch ihre Schulden allein begleichen können! Wir müssen auch mit unserem Etat auskommen« – bis zu seiner allerletzten Prophezeiung: »Unser Land braucht keinen Politiker als Präsidenten, sondern einen Geschäftsmann!«
[†] »Meine lieben Freunde und Leidensgenossen«, sagt der Arzt (ohne jeden Hinweis auf die sozialen Verhältnisse) in der deutschen Synchronfassung, »ich halte es aufgrund der glücklichen Beendigung unserer Reise für gegeben, auf unser Wohl anzustoßen.« (A. d. Ü.)

Mal: Der Glücksspieler ist gestorben; der Schnapsreisende wird ins Krankenhaus gebracht; der Bankier vom Sheriff des Örtchens verhaftet; der Arzt steuert den Saloon an; die junge Mutter findet endlich ihren Mann wieder, den Soldaten der Kavallerie; die junge Prostituierte bereitet sich auf die Rückkehr ins Bordell vor, während Ringo noch eine Schießerei mit der Bande, die seinen Bruder ermordet hat, austragen muss. Ringo überlebt und nimmt die junge Frau mit auf seine Ranch »jenseits der Grenze«, in ein Mexiko, das wir im Film nie zu Gesicht bekommen haben; doch das wahre Ende fand schon ein paar Minuten früher statt, nämlich mit Auflösung der siebenköpfigen Postkutsche als möglicher Metapher für das Grenzland des Westens.

Stadt-Bändiger. Weite Landschaften und einsame Figuren: Man sieht sich diese Filmanfänge an und fühlt sich an Whitmans lange Verzeichnisse unverbundener Vignetten erinnert: »Der Entenjäger schleicht in leisen, umsichtigen Etappen, / Die Diakone werden mit überkreuzten Händen ordiniert am Altar, / Die Spinnerin wiegt sich zum Surren des großen Rades vor und zurück …«. Soziale Parataxe: Eine Figur neben der anderen, mit möglichst wenig Überschneidung. Platz für alle: eine so einfache und wirkmächtige Verheißung, dass sie noch im Prolog von *Tod eines Handlungsreisenden* nachhallt (»Eine Melodie ist zu hören, auf einer Flöte gespielt. Sie ist zart und fein, *spricht von Wiesen,* Bäumen und *Ferne.* Der Vorhang geht auf.«).* Doch die Verheißung erfüllt sich nicht; Western sind Geschichten von Waffen, von Tod – vom Töten. Der »Indianer« in den frühen Western; dann meist der weißen Outlaws. Ganz gleich, ob sie auf eigene Rechnung handeln (Liberty Valance, Jesse James, die Luke Plummer und Frank Miller aus *Ringo* und

---

* Arthur Miller, *Tod eines Handlungsreisenden. Gewisse Privatgespräche in zwei Akten und einem Requiem* [1949], übers. von Volker Schlöndorff und Florian Hopf, Frankfurt a. M. 1994, S. 7; Hervorh. F. M.

Zwölf Uhr mittags) oder von Viehbaronen und anderen monopolistischen Gestalten angeheuert werden (so wie Jack Palance in *Mein großer Freund Shane* [*Shane*, 1953] oder die Bande von Richter Gannon in *Über den Todespaß*), beweisen die Outlaws, dass – egal, wie weit das »weite Land« auch sein mag – es niemals Platz genug für alle gibt und irgendwann der Moment kommt, an dem der Konflikt unausweichlich wird. Dann wird normalerweise eine Bürgerversammlung einberufen. In *Zwölf Uhr mittags* findet sie in der Kirche des Ortes statt, der Gottesdienst wird unterbrochen; zwölf Leute – zwölf, so wie ein Geschworenengericht oder wie die Apostel – bringen ihre gegensätzlichen Ansichten zum Ausdruck, darunter eine Frau (die mutigste von allen), der Priester, der beste Freund des Sheriffs, der ihn am Ende verraten wird. Ähnliche Szenen ereignen sich in *Der Einzelgänger* (*Man with the Gun*), *Warlock*, *Die glorreichen Sieben* (*The Magnificent Seven*), *Mein großer Freund Shane* (die Zusammenkunft im Van Heflins Hütte) und sogar in *Ringo* (als die Passagiere der Postkutsche darüber abstimmen, ob die Reise fortgesetzt werden soll). Das sind seltsam reflexive Episoden für den Western; Personen denken laut, hören zu, argumentieren, versuchen, sich gegenseitig zu überzeugen. Hier spürt man eine »demokratische« Atmosphäre: Frauen – ja sogar Prostituierte – stimmen ab, und zwar deutlich früher als historisch verbürgt. Die Botschaft ist aber letztlich eine andere, nämlich die *Ohnmacht* der demokratischen Debatte. Die Leute aus den Städten reden, greifen aber nicht zu den Waffen,* und das Schweigen des Mannes mit dem Schießeisen, der alleine abseits der anderen steht, ist ein vernichtender Kommentar zu ihrem Geschwafel. In Werten ausgedrückt ist der Moment der Gewalt der Moment der Wahrheit. »Warum hat der Western

---

* Eine erstaunliche Ausnahme bildet das Ende von *Über den Todespaß* [*The Far Country*], wo eine ganze Goldgräbersiedlung den bewaffneten Aufstand gegen einen korrupten Richter und seine Schergen probt – so wie in dem Theaterstück *Fuente Ovejuna* von Lope de Vega.

eine solche Macht über unsere Phantasie?«, fragte Robert Warshow in seinem »Movie Chronicle«; hauptsächlich deshalb, so beantwortete er seine eigene Frage, weil »er eine ernstzunehmende Sicht auf das Problem der Gewalt bietet, wie man sie in unserer Kultur sonst im Grunde nirgends findet. Eine der offensichtlichen Eigenarten der modernen, zivilisierten Meinung ist ihre Weigerung, den Wert der Gewalt zu akzeptieren. Diese Weigerung ist eine Tugend, doch sie hat, wie viele Tugenden, auch eine Kehrseite: nämlich eine gewisse mutwillige Blindheit und eine Tendenz zur Scheinheiligkeit.* »Mein Gefühl ist, dass es keinen Ärger geben wird«, erklärt eine der Figuren in *Zwölf Uhr mittags*: »kein bisschen.« Keinen Ärger – wenn vier Revolverhelden in der Stadt sind, um den Sherriff umzulegen? Das ist die Blindheit, die Warshow meinte. Der Western hält ihr immer wieder die Realität der Gewalt entgegen: Irgendwer stiehlt Vieh oder raubt den Farmern und Goldgräbern ihr Land; bedroht sie anschließend; tötet sie dann. Früher oder später muss die Gewalt also akzeptiert werden, und zwar nicht nur als Element des sozialen Lebens, *sondern als dessen Fundament schlechthin*. »Gentlemen. Ich stelle den Vorschlag zur Abstimmung – nämlich Clint Tollinger in der Funktion des Stadt-Bändigers anzustellen« (*Der Einzelgänger*).† Stadt-Bändiger! Nicht Marshall. Da wird jemand bezahlt, um massenweise Blut zu vergießen, so als wären die Bürger der Stadt von einer unbekannten Krankheit befallen. (»Aber ob er nun das richtige Heilmittel für diese Krankheit hat? Es ist doch ganz klar, dass unser Patient durch falsche Behandlung gefährdet wird«, sagt der Dorfarzt: »Bitte glaubt mir: Tollingers Medizin ist bitter und sehr schwer verdaulich.«) *Zwölf Uhr mittags*: Die junge Quäkerfrau nimmt ein Gewehr

---

* Robert Warshow, »Movie Chronicle. The Westerner«, in: ders., *The Immediate Experience. Movies, Comics, Theatre & Other Aspects of Popular Culture* [1962], erw. Ausgabe, Cambridge, MA 2002, S. 121.
† In der deutschen Synchronfassung wird dem Revolverhelden lediglich das Vertrauen der Bürger ausgesprochen (A. d. Ü.).

und schießt einem der Outlaws in den Rücken, während der sein Gewehr lädt und nicht zurückschießen kann. Wir sehen ihr Gesicht nicht, als sie schießt. Wie wird ihr Leben von nun an aussehen? Wie würde es ausgesehen haben, wenn sie den Mann, der versuchte, ihren Mann zu töten, *nicht* erschossen hätte?

Legitimer Einsatz physischer Gewalt. »Was typisch ›amerikanisch‹ ist, ist nicht das Ausmaß oder die Form der Gewalt, die unsere Geschichte prägt«, schrieb Richard Slotkin, »sondern die mythische Bedeutung, die wir [ihr] zugeschrieben haben, und den vielfältigen politischen Gebrauch, den wir von diesem Symbolismus machen«.* Im Western besteht dieser politische Gebrauch darin, dass man eine bestimmte Art von Gewalt *legitim* erscheinen lässt. Legitim zuallererst, weil sie eingegrenzt ist – wie in der stilisiertesten Szene dieser Filme überhaupt, dem Duell. Der Konflikt wird geometrisch: Freund und Feind – einer steht dem anderen gegenüber, nichts steht zwischen ihnen – schreiten geradewegs aufeinander zu, während sie sich fest in die Augen blicken (Abbildung 4).† Auch die Distanz ist stilisiert: nicht zu weit weg, nicht zu nah dran; zwei Männer, die sich langsam aufeinander zubewegen – John Waynes und Henry Fondas wichtigste schauspielerische Qualität:

---

* Richard Slotkin, *Gunfighter Nation*, a. a. O., S. 309.
† Auch hier ist die filmische Darstellung das exakte Gegenteil der historischen Wirklichkeit: »Wie wir aus den Akten der Gesetzeshüter des Westens wissen«, so betont Stefano Rosso, »haben die Autopsien der Waffenopfer gezeigt, dass sich die Eintrittslöcher der Kugeln in aller Regel an der Körperrückseite befanden. [...] Wild Bill Hickok wurde 1876 in Deadwood durch einen Schuss in den Hinterkopf getötet; Jesse James wurde in den Hinterkopf geschossen, als er 1882 ein Bild an der Wand seines Hauses geradehängte. [...] Wyatt Earp und Doc Holliday starben in ihren Betten und Kit Carsen in den Räumen seines Arztes [...].« Stefano Rosso, »The Winning of the Western. Early Dissemination of a Literary Genre«, in: Marina Dossena/Stefano Rosso (Hrsg.), *Knowledge Dissemination in the Long Nineteenth Century*, Newcastle upon Tyne 2016, S. 37 f.

Abb. 4: *Gangster, Spieler und ein Sheriff* (1954)

ihr *Gang* –, so als würden sie punktgenau ausmessen, an welcher Stelle die Schießerei losgehen kann. Es ist ein Tanz. Im Film noir wird man aus einer Entfernung von wenigen Zentimetern oder mit aufgesetztem Lauf erschossen, so wie Stanwyck in *Die seltsame Liebe der Martha Ivers* (*The Strange Love of Martha Ivers*, 1946) oder Mitchum in *Goldenes Gift* (*Out of the Past*, 1947): ein Indikator für die tödliche Mischung aus Intimität und Verrat in diesen Filmen. Im Western liegen zwanzig oder dreißig Schritt zwischen den Schützen; eine öffentliche Dimension, auf der Hauptstraße der Stadt, am helllichten Tag. Die Stadtbewohner sind zugegen, wenn man sie auch meist nicht sieht; sie verstecken sich in den Häusern und warten ab, wer wohl in Zukunft die Stadt beherrschen wird; sie warten darauf, dass die Weber'sche Definition des Staates Gestalt annimmt: »diejenige menschliche Gemeinschaft, welche innerhalb eines

bestimmten Gebietes [...] das Monopol legitimer physischer Gewaltsamkeit für sich (mit Erfolg) beansprucht«.*
Der Western als politischer Gründungsmythos: Er zeigt den Ursprung des Staates. (»Wo Sie herkommen, gibt es Polizisten und Gerichte und Gefängnisse, um das Recht durchzusetzen. Hier gibt es nichts davon«: *Der Mann aus Virginia*.) Was genau eine bestimmte Form von Gewalt legitimiert, erfährt man in diesen Filmen nie; und ihre Helden, die ihr Verhalten damit »erklären«, dass es unvermeidlich ist (»Ich muss hierbleiben«: *Zwölf Uhr mittags*; »Einer bleibt immer zurück«: *Der Garten des Bösen* [*Garden of Evil*, 1954]; »Ich habe jetzt keine Zeit, mit dir darüber zu streiten«: *Fahrkarte ins Jenseits* [*Decision at Sundown*, 1957]), helfen auch nicht weiter. Generell wird Gewalt weniger durch Argumente als durch ihre Selbstbeschränkung gerechtfertigt: Der Westernheld ist der Mann, der nie als erster zieht; der reagiert, aber nie initiiert. Wenn er schießt, dann letztlich immer nur zur Selbstverteidigung. Dieses Verhalten stellt ihn in eine Linie mit dem Ritter der Ritterromane, mit dessen ewigem Kreuzzug gegen die Mächte des Bösen; und das ziellose Umherschweifen des Westernhelden – Shane, wie er zu Beginn des Films aus dem Nichts auftaucht und sich am Ende in der Ferne verliert – ist selbst eine gedämpfte Form der ritterlichen Abenteuersuche. Doch bei diesen modernen Rittern ist fast alles gedämpft: Die Schießerei ist eine weniger blutige Kopie des Zweikampfs mit Schwert und Schild, aus dem Seitensprung der Ritterromanze wird die Abwesenheit (oder der Tod) des Liebesobjekts; und natürlich bekommen wir anstelle hochmütiger aristokratischer Schönheit die proletarische Schlichtheit eines John Wayne serviert. Die Konventionen der Alten Welt werden an das moderne Amerika angepasst – und dann erfolgreich wieder nach Europa exportiert. Aber dazu später mehr.

* Max Weber, *Politik als Beruf* [1919], Ditzingen 2018, S. 6.

II.

Schatten. Auch der Film noir begann als Adjektiv, das in Frankreich für die (zumeist amerikanischen) Krimis der *Série noire* gebraucht wurde; und dann ab 1946 für Filme, die eine Kriminalgeschichte mit einer alles durchdringenden naturalistischen Hoffnungslosigkeit verbanden. Noir: Schatten. Stanwyck läuft hektisch vor MacMurray auf und ab, und mit ihr läuft, an die Wand geworfen, ihre Doppelgängerin (Abbildung 5), die dabei die Gestalt wechselt, kurz verschwindet, sich gelegentlich in *zwei* Doppelgängerinnen aufspaltet. In *Der dritte Mann* (*The Third Man*, 1949) schaltet jemand eine Lampe neben einem Fenster an, und Orson Welles – dessen Figur vor Beginn des Films gestorben war und vor unseren Augen begraben wurde – materialisiert sich vor einer dunklen Fassade; ein wieder zum Leben erweckter Schatten (Abbildung 6). Als Joseph Cotten und die Besatzungsmächte später darauf warten, dass er zur nächtlichen Verabredung erscheint, verwandelt sich ganz Wien in eine Stadt der Schatten: Statuen, Soldaten, Alleen und der unerfindliche Riese – eine deutliche Hommage an den Expressionismus –, der sich als harmloser alter Luftballonverkäufer entpuppt.* Schatten schärfen Clifton Webbs Gesichtszüge in dem wahlweise unter den Titeln *Feind im Dunkel* oder *Der weiße Schatten* in die deutschen Kinos gekommenen Film *The Dark Corner* von 1946 und zeichnen diejenigen von Jane Greer in *Goldenes Gift* (*Out of the Past*, 1947) weich (»Und dann sah ich sie. Sie kam aus der Sonne auf mich zu und ich wusste, mir wären die vierzig Riesen egal«). Schatten intensivieren unsere Wahrnehmung der Welt, indem sie alles in ein Zwielicht tauchen; sie durchdringen die visuelle Ästhetik des Film noir auf dieselbe Weise, wie seine Sprache

---

* Murnau, Lang und Arthur Robisons programmatischer Stummfilm *Schatten* (1923) hatten unmittelbar vor Augen geführt, welche Rolle Schatten im Film spielen konnten. Einer der ältesten Kinosäle in Rom hieß »Lux et Umbra«, Licht und Schatten.

Abb. 5: *Frau ohne Gewissen* (1944)

Abb. 6: *Der dritte Mann* (1949)

von Doppeldeutigkeit erfüllt ist. Auch hier sind die Titel ein guter Indikator für die Weltsicht des Genres: mehr oder weniger bedrohliche Metaphern (*Frau am Abgrund* [*Whirlpool*], *Wenn die Nacht anbricht* [*Nightfall*], *Vertigo – Aus dem Reich der Toten* [*Vertigo*], *Impact*, *Explosion des Schweigens* [*Blast of Silence*] – und auf alle Fälle *Frau ohne Gewissen* [*Double Indemnity*]);* ein rätselhafter Gebrauch des bestimmten Artikels (*Der nackte Kuss* [*The Naked Kiss*], *Der dritte Mann* [*The Third Man*], *The Dark Corner* [*Feind im Dunkel/Der weiße Schatten*], *Die Tontaube* [*The Clay Pigeon*] ... welche Ecke? welche Taube?); und massenweise Andeutungen auf unverständliche Ereignisse: *Wenn der Postmann zweimal klingelt* (*The Postman Always Rings Twice*), *Reite auf dem rosa Pferd* (*Ride the Pink Horse*), *Where the Sidewalk Ends* (*Faustrecht der Großstadt*), *Sie leben bei Nacht* (*They Live by Night*, auch unter dem deutschen Titel *Schatten der Großstadt* vertrieben). In dieser Gesellschaft klingen *Bei Anruf Mord* (*Dial »M« for Murder*) und *Den Morgen wirst du nicht erleben* (*Kiss Tomorrow Goodbye*) auf erfrischende Weise geradlinig.

Spiegellabyrinth. Auch wenn er nicht weniger von Tod und Töten gekennzeichnet ist als der Western, bleibt die lineare Geometrie des Duells doch im Film noir undenkbar. In *Die Lady von Shanghai* (*The Lady from Shanghai*) stehen sich Hayworth und Welles Auge in Auge gegenüber – nur für ein paar Sekunden; schon bringen seine Worte eine dritte

---

* »Hör mir mal zu, es gibt eine Klausel in dieser Police«, erklärt MacMurray, »die garantiert die doppelte Summe. Ein Köder für Fälle, die nur selten in der Praxis vorkommen. So einen Fall müssen wir konstruieren, einen Zugunfall am besten. Dafür zahlen sie 100.000 Dollar. Jede andere Todesart kostet sie nur 50.000.« / »Look, baby, there's a clause in every accident policy, a little something called double indemnity. The insurance companies put it in as a sort of come-on for the customers. It means they pay double on certain accidents. The kind that almost never happen.« Dass die Klausel jemandem, der so gerissen und berechnend ist wie Stanwyck, erst erklärt werden muss, legt den Schluss nahe, dass vor Wilders Film nur sehr wenige Leute etwas von diesem »little something« wussten.

Person ins Spiel (»Ich dachte, du wolltest nur deinen *Mann* töten«), aus der mit ihrer Antwort gleich mehrere werden (»*George* hatte den Auftrag, *Arthur* zu erledigen, aber der alte Esel erschoss *Broome*«). Sie sind alleine – und sind es doch nicht; irgendein anderer steht immer zwischen ihnen. Ein paar Sekunden später taucht »Arthur« (Hayworths Ehemann, gespielt von Everett Sloane) höchstpersönlich auf. Nun sind es Hayworth und *er*, die sich gegenüberstehen, mit Pistolen in den Händen; die Optik des Spiegellabyrinths, in dem die Szene spielt, führt in die Irre: In einem besonders barocken Moment des Films zielt Hayworth geradewegs auf uns, das Publikum, Sloane zielt diagonal, mehr oder weniger in dieselbe Richtung, aber zugleich auch – da man ihn aus verschiedenen Winkeln gespiegelt sieht – scheinbar auf sich selbst (Abbildung 7): »Daher ist es zwecklos, dass du schießen willst. Diese Spiegel sind etwas ungünstig für unser gemeinsames Vorhaben. Aber ich werde dich trotzdem treffen.« Als sie schließlich schießen und überall Glas zersplittert, ist überhaupt nicht zu erkennen, was mit wem geschieht (in einem bestimmten Moment sieht es gar so aus, als sei Welles derjenige, den es getroffen hätte); und nachdem Hayworth und Sloane gestorben sind, bleiben wir mit der verwirrenden Erinnerung an ein Duell zurück, an dem nicht, wie üblich, zwei Personen beteiligt waren, sondern drei. (Die Unwahrscheinlichkeit dieser Situation ist das Geheimnis von *Der Mann, der Liberty Valance erschoß* [*The Man Who Shot Liberty Valance*, 1962].) Tatsächlich aber ist die Triangulation für den Film noir ebenso entscheidend wie die binäre Logik für den Western. Es ist natürlich das Dreieck des Seitensprungs, wie eben in *Die Lady von Shanghai* oder in George Macreadys Toast »auf uns drei« – auf sich selbst, seine Frau, (immer wieder) Hayworth, und ihren heimlichen Ex-Liebhaber, Glenn Ford – in *Gilda* (1946).* Jenseits des

---

* Schon bei ihrem ersten Treffen hatten Macready und Ford »auf uns drei« angestoßen, wobei der dritte im Bunde zunächst Macreadys

Abb. 7: *Die Lady von Shanghai* (1947)

Seitensprungs aber kommt hier die tragende Figur des sozialen Universums des Film noir zum Vorschein: der Dritte.

Der Dritte. »[D]as Auftreten des Dritten«, schreibt Simmel in seiner *Soziologie*, »bedeutet Übergang, Versöhnung, Verlassen des absoluten Gegensatzes [...]«.* Der Dritte kann vermitteln und als unparteiischer Richter auftreten; er steht für alle möglichen Institutionen, die Konflikte entschärfen und das soziale Band festigen. Und das stimmt auch alles – nur nicht im Film noir. Hier *vermehrt* der Dritte die Konflikte, indem er ihre Lösung endlos aufschiebt.

»kleiner Freund« (ein Spazierstock mit versteckter Klinge) gewesen war. In Hayworths Gegenwart stellten sich dann natürlich andere Assoziationen ein.

* Georg Simmel, *Soziologie. Untersuchung über die Formen der Vergesellschaftung*, Gesamtausgabe, Bd. 2, Frankfurt a. M. 1992, S. 124.

»Jetzt wirst du leider schwierig, Eddie. Und wenn jemand wie du zu schwierig wird, dann ist es vorbei. Und wenn es erst soweit ist, kann niemand mehr helfen.« (*Die blaue Dahlie* [*The Blue Dahlia*, 1946].) Die Dinge werden hier aber immer zu schwierig. In *Goldenes Gift* wendet sich Robert Mitchum an Kirk Douglas und Jane Greer mit den Worten:

> »Zunächst geben *Sie* zu, dass *Joe Eels'* Mörder war und lassen *mich* gefälligst aus dem Spiel. [...] An *ihrer* Stelle würde ich *Kathie* der Polizei übergeben, *Fred*. [...] *Einer* muss ja für den Mord an *Fisher* geradestehen, aber nicht ich. [...] Außerdem hat *sie Fisher* wirklich erschossen. [...]
> »*Ich* sage, *du* warst es. Und *mir* glaubt man mehr.«
> »Glauben *Sie* ihr?«

Sie, Joe, Eels, mich, Kathie, Fred, einer, Fisher ... Das Dreieck des Ehebruchs ist nur der Initialzünder für eine unablässige Vermehrung der Leichen. *Frau ohne Gewissen*:

> »Zuerst musste *ich deinen* Mann umbringen, und *Zachetti* soll jetzt *Lola* beseitigen, und bald darauf komme ich dran. Und dann kommt wieder *jemand*, der Zachetti beseitigen muss. Deine Arbeitsmethode, nicht wahr.«

In den Western war das Töten der *Schlusspunkt*: die Folge der Entdeckung des Hauptkonflikts; sobald der Feind tot war, war die Geschichte zu Ende, und die Zukunft konnte beginnen. Im Film noir ist das Töten nicht mehr als ein erster Schritt in einer Reihe ständig wechselnder Bündnisse, die von momentanen Interessen diktiert werden: Stanwyck und MacMurray gegen ihren Ehemann; Stanwyck und Zachetti gegen MacMurray; Stanwyck und »jemand« gegen Zachetti ...* Das ist eine Multiplikation der narrativen

---

* In einer Art von virtuosem Spiel mit dieser Situation evoziert Stanwycks Ehemann, Kirk Douglas, in *Die seltsame Liebe der Martha Ivers*

Kräfte, die auf die großen Stadtromane von Balzac und Dickens zurückgeht* – und in Wirklichkeit noch weiter zurück bis zu Hegels Beschreibung der »bürgerlichen Gesellschaft« in der *Rechtsphilosophie*:

> In der bürgerlichen Gesellschaft ist jeder sich Zweck, alles andere ist ihm nichts. Aber ohne Beziehung auf andere kann er den Umfang seiner Zwecke nicht erreichen; diese anderen sind daher Mittel zum Zweck des Besonderen [des Einzelnen] [...]. [D]as Ganze [der bürgerlichen Gesellschaft ist] der Boden der Vermittlung [...].†

Auf diesem Boden der Vermittlung ist die *Indienstnahme* anderer – sie zu Mitteln des eigenen Zwecks zu machen – eine viel bessere Strategie, als sie einfach zu beseitigen (wie es im eher rudimentären Universum des Westerns der Fall war). Dabei verwischt die Grenze zwischen legal und illegal,‡ und die narrative Struktur gerät auf eine inflationäre Bahn: Es ist immer möglich, jemanden zu überreden,

---

eine endlose Kette von Dritten: »Ihr Leben war so leer. Hat sie dir das auch erzählt, Sam? [...] Jetzt bist du die anderen, Sam. All die anderen sind jetzt in dir vereint. [...] Ja, du bist dieser Sportlehrer aus Philadelphia, mit Muskeln anstatt Hirn und Talent für geschmacklose Verse. Du bist der Mann aus Erie, er hieß Pete, roch nach Fisch und hat gesungen. Dann dieser Football-Spieler, er war durchs Staatsexamen gefallen, aber sein Wunsch war, Ingenieur zu werden. Und einer hat einen Platten so gut geflickt, dass sie ihn daraufhin zum Bezirksinspektor gemacht hat. Und noch viele andere. Aber das schlimmste ist, du bist der einzige Mann, der mir meine Ansprüche auf sie streitig machen kann. Frag sie, Sam. Frag Martha, ob das nicht alles wahr ist.«

* Vgl. in diesem Zusammenhang meinen *Atlas des europäischen Romans. Wo die Literatur spielte*, übers. von Daniele Dell'Agli, Köln 1999, bes. S. 96–104.

† G. W. F. Hegel, *Grundlinien der Philosophie des Rechts* [1821], Werke, Bd. 7, Frankfurt a. M.1986, S. 339 f.

‡ »Keiner von den Leuten ist im üblichen Sinne kriminell. Sie haben alle ihre Arbeit, und sie führen ein scheinbar normales und anständiges Leben. Aber das ist nur oberflächliche Tünche. Sie wollen raus aus dieser Tretmühle«: *Die Rechnung ging nicht auf* (*The Killing*).

etwas zu tun, woran er noch nie gedacht hat; immer möglich, noch eine Figur hinzuzufügen (und noch eine, und noch eine ...) und dabei endlos den »Mittelteil« des Plots auszuweiten. Der Legende nach konnte sich während der Dreharbeiten zu *Tote schlafen fest* (*The Big Sleep*, 1946) keiner mehr erinnern, ob sich eine bestimmte Figur selbst umgebracht hatte oder ob sie umgebracht worden war (und falls ja, dann von wem); also wurde an Chandler telegraphiert, aber auch der erinnerte sich nicht mehr. Die Geschichte ist absurd und doch plausibel: Der Film noir hat gewissermaßen einen Hang zum Schneeballsystem, denn er opfert die langfristige Logik gerne dem unmittelbaren Effekt. Und es funktioniert: Man langweilt sich nie bei diesen Filmen; nur ganz am Ende, wenn die Intrige wie ein Kartenhaus in sich zusammenfällt, ist man ein wenig enttäuscht – fühlt sich irgendwie verraten. Aber schließlich steht der Verrat dem Film noir gut zu Gesicht.

Die Prosa der Welt. Die Herabsetzung der anderen zu Mitteln für die eigenen besonderen Zwecke kehrt in einer berühmten Passage von Hegels *Ästhetik* wieder:

> Sodann muß der einzelne Mensch, um sich in seiner Einzelheit zu erhalten, sich vielfach zum Mittel für andere machen, ihren beschränkten Zwecken dienen, und setzt die anderen, um seine eigenen engen Interessen zu befriedigen, ebenfalls zu bloßen Mitteln herab. [...] Dies ist die Prosa der Welt [...][:] eine Welt der Endlichkeit und Veränderlichkeit, der Verflechtung in Relatives und des Drucks der Notwendigkeit, dem sich der Einzelne nicht zu entziehen imstande ist.*

Die Prosa der Welt. »Holly, in dieser Welt gibt's keine Helden«, bemerkt Welles müde in *Der dritte Mann*; und dann,

---

* G. W. F. Hegel, *Vorlesungen über die Ästhetik I*, a. a. O., S. 197–199.

so als wäre ihm plötzlich wieder eingefallen, dass sein Freund Western schreibt: »außer natürlich in deinen Geschichten«. *Realpolitik.* Der Western braucht Helden, weil er keinen stabilen Mechanismus zur Durchsetzung der Gesetze besitzt. Der Held füllt das Vakuum des abwesenden Staates – er *ist* der Staat. Im Film noir ist der Staat vollkommen zuverlässig, und keiner sorgt sich um die Stabilität des Sozialsystems. Es gibt natürlich nicht wenige Verbrechen, doch sind sie immer lokal; Stanwyck ist gefährlich für ihren Mann und eine Reihe von Liebhabern, aber nicht für *jeden*. Auch wenn sie gelegentlich wie Gangsterfilme vermarktet wurden – »So einen Film hat es seit *Narbengesicht* (*Scarface*, 1932) und *Der kleine Cäsar* (*Little Caesar*, 1931) nicht gegeben«, wie das Plakat zum Filmstart von Kubricks *Die Rechnung ging nicht auf* noch 1956 verkündete –, ist der Film noir das Gegenteil des Cäsarenwahns der 1930er Jahre. Noch einmal Hegel:

> Das prosaische Bewußtsein [...] betrachtet [...] den breiten Stoff der Wirklichkeit nach dem *verständigen* Zusammenhang von Ursache und Wirkung, Zweck und Mittel [...]. [Sein Gesetz ist] einerseits die *Richtigkeit*, andererseits die deutliche *Bestimmtheit* und klare *Verständlichkeit*.[*]

Richtigkeit und Verständlichkeit: Kein anderes Genre liebt Tafeln so sehr wie der Film noir. In *Drei Uhr nachts* (*Bob le flambeur*, 1956) erklärt der Titelheld den Raubüberfall zunächst an einem großen Plan und nimmt die Bande dann zu einem Feld mit, auf dem der Grundriss des Casinos im Maßstab 1:1 aufgezeichnet ist, um sicherzugehen, dass sie den Plan verstanden haben. (»Dein Gehirn besteht wohl nur aus Puffreis! Hast du überhaupt nichts gelernt in der

---

[*] G. W. F. Hegel, *Vorlesungen über die Ästhetik III*, Werke, Bd. 15, Frankfurt a. M. 1986, S. 243, 280.

Schule, hm?« »Ich hab immer gefehlt.« »Das sieht man dir heute noch an.«)* Die Hegel'sche Prosa besteht aber in mehr als nur Richtigkeit oder Leuten, die »zu einem bestimmten Zeitpunkt eine ganz bestimmte Arbeit verrichten« (*Die Rechnung ging nicht auf*). Die Synergie aus ungebremstem Egoismus und klarem Verstand befördert einen ganz eigenen Zynismus. Vom Riesenrad des Praters weit über die Ruinen Wiens gehoben und ohne Umschweife mit seinem Tun konfrontiert – »Hast du schon mal eins von deinen unschuldigen Opfern gesehen?«[†] –, antwortet Welles, dabei auf die kaum noch erkennbaren Passanten unter ihnen am Boden deutend (Abbildung 8):

> »Opfer? Was für ein Wort. Sieh mal da hinunter. Würde es dir leid tun, wenn einer von diesen … ah, diesen Punkten da für immer aufhören würde, sich zu bewegen? Wenn ich dir 20.000 Pfund für jeden krepierten Punkt bieten würde – würdest du mein Geld zurückweisen oder würdest du … Ja sagen, vorausgesetzt, dass keine Gefahr dabei ist. Übrigens, ich bezahle nicht mal Steuern bei dem Geschäft. Nur so kommt man zu Geld.«

Punkte. »Auch zweifle ich nicht, daß es […] sehr vielen Leuten weniger schwerfiele, einen Menschen in einer Entfernung, in der er ihnen nur so groß wie ein Schwälbchen

---

* »Sonst noch Fragen?«, fragt Sterling Hayden in *Die Rechnung ging nicht auf*. »Gut, dann sehen wir uns die Sache mal an. Das ist eine Rohkizze […] ihr werdet die Skizze später mit mir durchgehen, Zoll für Zoll […].« Und Sam Jaffe, »der Doc«, in *Asphalt-Dschungel* (*The Asphalt Jungle*, 1950): »Natürlich muss ich noch Verschiedenes nachprüfen, der Plan ist ziemlich alt … aber das ist weiter keine Affäre. […] Hier steht alles drauf, von den Wachdingen des Personals bis zu dem Alarmsystem.«

† Welles, ein Schwarzmarkthändler, stiehlt Penizillin aus Krankenhäusern, streckt es und verkauft es mit riesigem Gewinn, wodurch er unter anderem den Tod zahlreicher Kinder verschuldet. »Früher drängten sich hier die Kinder«, bemerkt er beiläufig, als er in die Gondel des Riesenrads einsteigt, »aber jetzt haben sie kein Geld, die armen Teufel«.

Abb. 8: *Der dritte Mann* (1949)

erscheint, zu töten, als einen Ochsen mit ihren Händen zu schlachten«, schrieb Diderot in seinem »Brief über die Blinden«.* Physischer Abstand fungiert als Äquivalent für ausbleibende Solidarität – »alles andere ist ihm nichts« – in Hegels bürgerlicher Gesellschaft, in der jeder *ein Fremder* ist und bleibt. »Sie tauschen die Morde aus«, erläutert »Bruno« in *Der Fremde im Zug* (*Strangers on a Train*, 1951): »Jeder begeht den Mord für den anderen [...], überkreuz.« Und der Auftragskiller von *Der Tod kommt auf leisen Sohlen*: »Nur

---

* Denis Diderot, »Brief über die Blinden, zum Gebrauch für die Sehenden« [1749], in: ders., *Philosophische Schriften*, übers. von Theodor Lücke, Berlin 2013, S. 21; über die Entwicklungsgeschichte dieser Idee von Diderot bis zu Chateaubriands *Geist des Christentums* und Balzacs *Vater Goriot* vgl. Carlo Ginzburgs Aufsatz »Einen chinesischen Mandarin töten. Die moralischen Implikationen der Distanz«, in: ders., *Holzaugen. Über Nähe und Distanz*, übers. von Renate Heimbucher, Berlin 1999, S. 241–260.

wenn sich ein Fremder einen Fremden vornimmt, wird er einigermaßen sichergehen. Er hat kein Motiv. Weder Vorurteile noch persönliche Bindungen hindern ihn. Fragt sich, warum er ihn überhaupt erledigt? Weil ihn jemand dafür bezahlt. Er führt einen Auftrag aus, zu dem er vertraglich verpflichtet ist.« Und dieser Standpunkt ist so eiskalt und hellsichtig, dass der Film noir eigentlich nie eine rechte Antwort darauf findet. Es kommen ein paar ehrliche Polizisten und Ermittler vor, doch trotz Chandlers sentimentaler Tirade in »Mord ist keine Kunst« – »Aber durch die anrüchigen Straßen muß ein Mann gehen, der selbst nicht anrüchig ist, der weder befleckt noch furchtsam ist. [...] Er muß, um eine recht abgegriffene Phrase zu gebrauchen, ein Mann von Ehre [...] sein. Er muß der beste Mann in seiner Welt und ein guter Mann für jede Welt sein ...«* – fehlt selbst den Besten im Film noir der ethische Heiligenschein des Westernhelden. Sie stehen für *Legalität*, nicht für Legitimität. Und wenn dem berechnenden Egoismus des Film noir am Ende doch etwas entgegengesetzt wird, so kommt es aus einer ganz anderen Richtung.

Was meine ich? *Gilda.* Hayworth ist dabei, mit den Gästen im Spielcasino ihres Mannes zu flirten, und Ford, der ein Auge auf sie haben soll, zieht sie von der Tanzfläche:

> »Hier kannst du mit den Männern nicht so reden wie zuhause. Sie verstehen das nicht.«
> »Sie verstehen was nicht?«
> »Sie denken, du meinst es.«
> »Was meine ich?«
> »Dass du verheiratet bist, macht dir wohl gar nichts aus?«

---

* Raymond Chandler, »Mord ist keine Kunst« [1945], in: ders., *Spanisches Blut. Kriminalstories*, übers. von Wilm W. Elwenspoek, Frankfurt a. M., Berlin und Wien 1972, S. 172.

»Was ich wissen möchte, ist, ob es dir etwas ausmacht.«

Wie ein Therapeut im Comic wiederholt Hayworth jede Aussage in Frageform: Deine Worte bedeuten *so* viel mehr, als du willst. Sie bringt auf, was Ford im Sinn hat, und lässt es ungeklärt in der Luft hängen. Schatten. Immer wenn sie etwas sagt – angefangen mit dem allerersten unvergesslichen »Ich?« –, übernimmt die Doppeldeutigkeit das Kommando. Man denke an den Western mit seinen sprachlosen Männern, die ihren Mund für alles Mögliche gebrauchen – zum Husten, Pfeifen, Spucken, Schreien, Kauen, Kichern, Trinken, Grimassieren –, nur nicht zum Sprechen; die laut lachen, aber nie etwas von Ironie gehört haben. Worte spielen im Western keine Rolle; in diesem gesamten Kapitel habe ich kaum eine Handvoll erwähnt. Der Film noir ist unvorstellbar ohne Worte. Was nichts anderes heißt als: ohne Frauen. Verführerisch, weil sie die Sprache verführerisch machen. Suggestiv, ironisch, unruhig: »Ich hab was gegen Frauen«, behauptet der Killer in *Der Tod kommt auf leisen Sohlen*, »sie können nie stillstehen«. Und sie lassen auch die Männer nicht stillstehen. Sie wecken das Begehren, *und das Begehren ist das, was die Realpolitik der Prosa am Ende aus den Angeln hebt*. Ethische Werte waren dazu nicht in der Lage; der Geschlechtstrieb aber wohl. »Sag mir mal, Fred, woran bist du am meisten interessiert?«, fragt die ehebrecherische Frau ihren Liebhaber in *Die Rechnung ging nicht auf*: »An Geld und Frauen?« Was sonst? Das Problem ist nur, dass das »und« trügerisch ist: Das Begehren kommt der Richtigkeit und der Verständlichkeit in die Quere und macht rationales Verhalten unmöglich: »Und dann sah ich sie [...] und ich wusste, mir wären die vierzig Riesen egal.« »Entschuldigen Sie, Korporal«, fragt der kluge Kopf in *Asphalt-Dschungel*, nachdem man ihn geschnappt hat, als er in einer Bar einem Mädchen beim Tanzen zuguckte: »Wie lange haben Sie hier gestanden?« »Zwei, drei Minuten ...« »A-ha – also mit anderen Worten so lange, wie 'ne Schallplatte läuft«. Begehren und Habgier geraten durcheinander und zerstören alle Berechnung. In *Pushover* (1954) wird aus einer Polizeifalle schnell eine verbotene Affäre, die Kim Novak in einen kompletten Mordplan umzumünzen versucht; Macmurrays Antwort – »Du gewinnst«, gefolgt von einem langen Kuss – verschmilzt Sex und Mord zu ein und demselben. »Schließen sie [...] Unfallversicherungen ab?«, fragt Stanwyck in der Eröffnungsszene von *Frau ohne Gewissen*. »Unfallversicherungen? Auch die, Mrs. Dietrichson.« Und im selben Atemzug: »Ist ihr Fußreif graviert?« Gefangen. Wir können schon das »Aussageprotokoll« hören, das den Film rahmt: »Ich bin's, Walter Neff. [...] Da hast du den Täter. Es ging um viel Geld und um eine Frau. Ich verlor beides, sie und das Geld. Pech.«

III.

Hegemonie. »In einem großen Kontinent heterogener Einwanderer aus allen Ecken Europas«, schrieb Perry Anderson,

> mussten die Produkte der Industriekultur von Anfang an so allgemein wie möglich sein, um ihren Marktanteil zu maximieren. In Europa entstand jedes Kino aus Kulturen mit einer dichten Sedimentation besonderer Traditionen, Gebräuche, Sprachen, die das Erbe einer nationalen Vergangenheit waren, und musste in diesen Kulturen funktionieren – dies brachte unweigerlich ein Filmschaffen mit stark lokalem Bezug und geringer Exportierbarkeit hervor. In Amerika dagegen ließen sich die eingewanderten Zuschauergruppen mit geschwächten Bindungen an verschiedenartige Vergangenheiten nur durch narrative und visuelle Schemata unter einen Hut bringen, die auf ihre abstraktesten, rekursivsten gemeinsamen Nenner gebracht waren. Die Filmsprachen,

die dieses Problem lösten, eroberten logischerweise anschließend die Welt, wo über weit heterogenere Märkte hinweg die Prämie auf dramatische Vereinfachung und Wiederholung noch größer war. Die Universalität der Hollywood-Formen – das US-amerikanische Fernsehen hat ihren Erfolg nie ganz wiederholen können – verdankt sich dieser ursprünglichen Aufgabe, auch wenn sie, wie jede andere Dimension der amerikanischen Hegemonie, Kraft aus dezidiert nationalem Boden sogen, nämlich durch die Erschaffung großer populärer Genres, die ihre Themen aus dem Wilden Westen, der Unterwelt, dem Pazifikkrieg bezogen.*

Eine Hegemonie über den Weltmarkt: Planet Hollywood. Und hier bricht die Parallele von Western und Film noir – diese beiden Spiegelbilder, in denen jedes Detail genau verkehrt ist: Schauplatz, Tempo, Figuren, Sprache, Handlung – zusammen, weil der Einfluss des Westerns auf das globale Publikum (mit Sicherheit auf das europäische) unverhältnismäßig viel größer war als der des anderen Genres. Das erscheint zunächst verwunderlich, schließlich erhielt der Film noir seinen Namen in Frankreich, und schließlich kommen so viele große Noir-Regisseure aus Europa (Lang, von Sternberg, Wilder, Siodmak, Curtiz, Preminger, Tourneur, Dassin, Mamoulian, Zinnemann, Maté, Moguy, Ulmer ...). Aber vielleicht liegt es genau daran: Der Film noir konnte in Berlin spielen oder in London, Paris, Wien; ein Franzose, Jean-Pierre Melville, entwickelte sich bald zu seinem größten Stilisten. Der Western dagegen war durch und durch amerikanisch, und genau das war es, wonach das europäische Nachkriegspublikum verlangte, im Film nicht anders als in der Musik, bei Getränken, Kleidung, Tänzen und in anderen Bereichen des Alltags. Nach einem Neuanfang.

---

* Perry Anderson, »Force and Consent«, in: *New Left Review*, Bd. 17 (2002), S. 24f.

Außerdem war seine Mischung aus Hoffnung und Realismus ideal für das Nachkriegseuropa: die Hoffnung auf einen Raum, der so unvergleichlich viel größer war als der der europäischen Nationalstaaten, dass er Platz für (fast) jeden zu bieten schien; und der Realismus von Filmen, die ihre Augen nicht vom Schauspiel der Gewalt abwendeten (was für eine Generation, die den Krieg durchlebt hatte, absurd gewesen wäre) und dabei doch einen Helden erfanden – eine Mischung aus alt und neu: einen Ritter mit Pistole –, der imstande war, sie unter Kontrolle zu bringen. Viel mehr noch als Kriegsfilme waren Western *die* große Form des Nachkriegskinos, nicht nur in einem chronologischen, sondern in einem symbolischen Sinne; Filme, für die Gewalt und Tod das große Problem darstellten – die »Dissonanz« in Lukács' Metapher –, das nach einer ästhetischen Lösung verlangte. Natürlich war der Western nicht vom Weltkrieg »verursacht« worden: Es gab ihn ja, erst in der Literatur und dann im Kino, schon seit fast hundert Jahren. Der Krieg aber bot ihm die Gelegenheit, sein ganzes symbolisches Potenzial zu entfesseln. Wie schon bei Hemingway, eine Generation (und einen Krieg) früher, fand ein hauptsächlich europäisches Trauma seine Antwort in einer amerikanischen Form; anstelle einer vorsichtigen Genesung von der historischen Grausamkeit wurde die Gewalt allerdings diesmal in die Geschichte integriert, wo sie sich zu einer unerlässlichen Zutat entwickelte. Und damit begann die amerikanische Hegemonie im eigentlichen Sinne.

5 Kausalität in *Tod eines Handlungsreisenden*

Amerikanische Tragödie. Amerikanische Mythen, wohin man schaut. Eine Kernfamilie, ihr Zuhause – und ihre Hypothek. »Ich hab' heute die letzte Zahlung fürs Haus gemacht«, murmelt Linda in ihrem Schlusswort vor Willys Grab. »Wir sind frei und ohne Schulden. [...] Wir sind frei ... wir sind frei ...«* Frei: Der höchste amerikanische Wert – für gewöhnlich von der Politik in die Wirtschaft verschoben – ist das letzte Wort des Stücks; und auch *nur* sein letztes Wort, das vor Willys Beerdigung nicht ein einziges Mal fällt. Da ist das pionierhafte Thema »mit der eigenen Hände Arbeit«; aber Willys Gartenarbeit, die stets belanglos war, hat sich am Ende des Abends in eine quälende Absurdität verwandelt. Da ist die Verkaufskunst; die heitere Ausschmückung von Waren zum Zwecke des Profits, die irgendwie nicht mehr zu funktionieren scheint. Da ist der Sport, eine männlichere Form der sozialen Mobilität als die Schule, die Willy verachtet, und der typische amerikanische Traum, dass die nächste Generation ein besseres Leben haben wird als ihre Eltern: zwei Hoffnungen, die durch Biffs bitteres Scheitern grob vereitelt werden. Da ist das Auto: das erst Wohlstand bringt (»Linda, der Chevrolet ist bis dato das beste Auto überhaupt« [S. 27]) und am Ende den Tod. Amerikanische Mythen, wohin man schaut: Und sie alle zerfallen zu Staub.

Rücksicht muss genommen werden. Beginnen wir mit einem Moment, der in einem merkwürdigen Verhältnis zum Rest des Stücks steht. Linda und ihre Söhne haben eine hitzige Auseinandersetzung über Willy, in der Biff besonders unversöhnlich ist: »Mom, hör auf, ihn in Schutz

---

* Arthur Miller, *Tod eines Handlungsreisenden*, a. a. O, S. 116 (weitere Zitatnachweise im Text mit einfacher Seitenzahl).

zu nehmen! [...] Nie hat er die geringste Achtung für dich gehabt. [...] Charley würde so was nicht tun.« An diesem Punkt reagiert Linda:

> Dann nimm dir doch Charley zum Vater, Biff. Das geht nicht, oder? Ich behaupte nicht, er sei eine Größe. Willy Loman hat nie viel Geld verdient. Sein Name war nie eine Schlagzeile wert. Sein Charakter ist auch nicht gerade der beste, aber er ist ein Mensch, und es passiert ihm gerade etwas Schreckliches. Darauf muss Rücksicht genommen werden. Er darf nicht ins Grab fallen, wie ein alter Hund. Rücksicht! Rücksicht muss auf einen solchen Menschen endlich genommen werden. Du hast ihn verrückt genannt ... (S. 45 f.)*

Rücksicht muss genommen werden. Eine merkwürdige Formulierung. Muss genommen werden ... von wem? Von Biff und Happy, offensichtlich, die da stehen, vor ihrer Mutter. Lindas Worte sind aber an einen unspezifischen Zuhörer gerichtet, und dadurch bewirkt Miller, dass sie über diesen bestimmten Moment der Handlung hinausgehen und das gesamte Publikum ansprechen, womöglich sogar ein noch größeres Publikum als das, welches gerade im Theater sitzt. Willys Schicksal sollte nicht nur seine Familie, sondern die ganze Gesellschaft betreffen. Daher die ungelenke Mischung aus Imperativ (»muss«) und Passiv (»genommen werden«): Sie ist ein Echo jener Formulierungen (»Fahrkarten müssen entwertet werden«, »Motoren müssen abgestellt werden«), zu denen öffentliche Instanzen – und das Theater in seiner besten Form *war* eine öffentliche Instanz – in ihren Anordnungen gerne greifen. Dieser weitere Horizont erklärt auch den Wechsel von der zweiten Person, die so typisch für den dramatischen Dialog ist – und an den Rändern der Passage

---

* Die Übersetzung wurde an Morettis grammatikalische Argumentation angepasst; A. d. Ü.

so klar zu sehen: »Dann nimm *dir* doch Charley zum Vater, Biff. [...] *Du* hast ihn verrückt genannt [...]« – zur dritten Person, die in Stücken so ungewöhnlich ist: »Ich behaupte nicht, *er* sei eine Größe ... *sein* Name ... *sein* Charakter ... *er* ist ... *ihm* ... *er* ... *ihn*.« Diese wiederholte Wortwahl schafft eine Distanz zwischen Publikum und Szene und führt dazu, dass diese – seltsam klingt. Es handelt sich um die *ostranenje* (»Entfremdung«) des russischen Formalismus: eine ästhetische Strategie, die uns dadurch, dass sie die Realität in einer unerwarteten Weise darstellt (»Verfremdung« ist eine weitere übliche Übersetzung des Ausdrucks), diese »wie zum ersten Mal« sehen lässt.* Und seltsam auch im Sinne von Brechts Verfremdungseffekt, in dem sich die formalistische »Überraschung« mit Marxens Entfremdung verbündet und die Realität somit als gleichermaßen unvertraut *und falsch* präsentiert.† Unvertraut: Lindas Worte stellen Willys Situation in einem neuen Licht dar, sie veranlassen Biff zu den Worten »Was ich meine, war –« und Happy zu »Das hab' ich nicht gewusst, Mom« (S. 46). Falsch: Ein Mann wird behandelt wie ein sterbender Hund, und es muss etwas getan werden. »Endlich«, ergänzt Linda.‡ Nicht nur sollten wir auf Leute wie Willy Rücksicht nehmen; wir hätten damit schon vor langer Zeit anfangen sollen. Das läuft alles schon

---

* Vgl. Viktor Šklovskij, »Die Kunst als Verfahren« [1916], in: Jurij Striedter (Hrsg.), *Russischer Formalismus. Texte zur allgemeinen Literaturtheorie und zur Theorie der Prosa*, München 1994, S. 4–35.
† »Die Darstellung setzte die Stoffe und Vorgänge einem Entfremdungsprozeß aus. Es war die Entfremdung, welche nötig ist, damit verstanden werden kann.« Bertolt Brecht, »Vergnügungstheater oder Lehrtheater?«, a. a. O., S. 109.
‡ Lindas Zeile wird normalerweise gesprochen als »Rücksicht muss endlich auf einen solchen Menschen genommen werden« (*attention must finally be paid to such a person*), womit das »endlich« fast verschluckt wird, wie das mit Adverbien gerne geschieht. Millers tatsächliche Wortfolge jedoch – »Rücksicht muss auf einen solchen Menschen endlich genommen werden« (*attention must be finally paid to such a person*) – (fehl-)platziert das Wort an grammatisch nicht ganz korrekter Stelle und zwingt uns auf diese Weise, es – endlich – »wie zum ersten Mal« zu hören.

viel zu lange so; und es bleibt fast keine Zeit mehr. Fast; und es ist immer noch der erste Akt, Biff ist gerade nach Hause gekommen, hat eine Idee, etwas könnte passieren, vielleicht morgen schon ...

Menschen im Büro. Rücksicht muss genommen werden ... auf wen? Nicht auf »deinen Vater« oder »meinen Mann«, sondern: auf »einen solchen Menschen«. Nach der Verallgemeinerung des Publikums – Rücksicht muss *von allen* genommen werden – kommt die des Gegenstands: Rücksicht muss auf *alle Menschen* genommen werden, *die wie Willy Loman sind*. Zwei Jahre nach Millers Stück zeichnete Wright Mills Buch *White Collar. The American Middle Classes* – eine Untersuchung der Angestellten von Macy's in New York: *dem* Tempel amerikanischer Verkaufskunst – ein denkwürdiges Porträt dieser sozialen Gruppe. »In der Welt des kleinen Unternehmers«, schrieb Mills, »war das Verkaufen noch eine Tätigkeit unter vielen. Dem Ausmaß, der Technik und der Art und Weise des Verkaufens waren noch enge Grenzen gesteckt. In der modernen Gesellschaft« jedoch

> ist das Verkaufen das Allerwichtigste, alles andere ist daneben belanglos; dem Ausmaß sind keinerlei Grenzen gesetzt; jedes Mittel ist recht; keine Methode ist zu skrupellos [...]. In der modernen Gesellschaft spielt die Verkaufskunst eine viel zu wichtige Rolle, als daß man sie allein dem Schwung und dem Talent des einzelnen Verkäufers überlassen könnte. [...] Genau wie auf anderen Gebieten hat auch die Zentralisierung der Verkaufskunst die Enteignung bestimmter Eigenarten einfallsreicher und tüchtiger Einzelner durch einen Apparat zur Folge gehabt [...].*

---

* C. Wright Mills, *Menschen im Büro. Ein Beitrag zur Soziologie der Angestellten*, übers. von Bernt Engelmann, Köln-Deutz 1955, S. 225 f., 249.

»In jenen Tagen ging's um Charakter«, trauert Willy bei der Erinnerung an einen Handlungsreisenden, den er in seiner Jugend kennengelernt hatte:

> Um Hochachtung, Freundschaft und Dankbarkeit beim Geschäft. Heute ist alles nüchtern und trocken, Freundschaft und – Charakter zählen überhaupt nicht mehr. Verstehst du, was ich meine? (S. 67)

»Freundschaft« ist ein zu starkes Wort für das, wovon Willy spricht, aber es weist in die richtige Richtung, nämlich in die seiner »persönlichen Kenntnis des Marktes« (noch einmal Mills), wobei die entscheidenden Beziehungen des Verkäufers »auf dem engen Kontakt mit den Kunden« beruhten.* Auch das jedoch gehört nunmehr der Vergangenheit an: In der »modernen Gesellschaft«, in der Willy arbeiten muss, haben sich die Kunden in eine feindselige Menge verwandelt – »Sie scheinen mich auszulachen. [...] Ich bin Luft für sie.« (S. 29) – während das Treffen mit seinem Chef, Howard Wagner, den Mittelpunkt des Stücks ausmacht. Es ist das »Morgen«, das am Ende des vorangegangenen Abschnitts angesprochen wurde: der Beginn des zweiten Akts. Biff ist früh aufgebrochen, um nach finanzieller Unterstützung für seine Sportartikel-Idee zu suchen, und wird seinen Vater zum Abendessen treffen. »Es geht aufwärts, Willy, ich spüre, wie's aufwärts geht!«, ruft Linda beim Frühstück aus. »Überhaupt keine Frage«, erwidert Willy. Und zieht von dannen (S. 61).

Die Hauptstadt von Alabama. Als Willy sein Büro betritt (S. 62–69), spielt dort Howard Wagner an einem Tonbandgerät herum, das er am Tag zuvor gekauft hat; und Willy, der nicht weiß, wozu der Apparat gut ist, wirkt sofort wie aus der Zeit gefallen. Viermal bittet er Howard um ein

---

* Ebd., S. 240.

Gespräch, doch der ignoriert ihn oder lässt ihn abblitzen, weil er störe. Stimmen erklingen vom Tonband und übernehmen die Bühne: Howards Tochter, die eine Melodie pfeift; sein fünfjähriger Sohn (»die Hauptstadt von Alabama ist Montgomery«), seine Frau (»mir fällt aber nichts ein«) (S. 64). Was der Wendepunkt des Stückes sein könnte, ertrinkt in Geplapper. Als es Willy dann endlich gelingt, Howards Aufmerksamkeit zu erringen, wird schnell deutlich, dass er nichts zu bieten hat und nichts fordern kann; nach einem müden Abklatsch von Lindas »darf nicht ins Grab fallen, wie ein alter Hund« (»Du kannst die Zitrone nicht auspressen und dann die Schale wegwerfen – ein Mensch ist doch kein Abfall«) gleitet Willy in die Vergangenheit ab (»Weißt du noch, Weihnachten bei der kleinen Feier hier [...]«) und driftet immer weiter zurück (»Als du geboren wurdest, kam dein Vater an [...] Als ich'n Junge war, mit – achtzehn, neunzehn [...] 1928 hatte ich ein gutes Jahr«). Er endet mit der wehmütigen Erinnerung an einen 84-jährigen Verkäufer, der aus der Bequemlichkeit eines Hotelzimmers heraus in seinen »grünen Samtpantoffeln« arbeitete (»Und als ich das sah, wußte ich, daß Verkaufen der Traumberuf schlechthin ist«).* In einem Crescendo der Demütigung wendet sich Howard von Willy ab, spricht ihn als »Junge« an und feuert ihn dann. Noch frappierender als diese Wendung der Ereignisse ist der unheimliche *Mangel an Pathos*, der die Szene kennzeichnet. Dies ist das entscheidende Zusammentreffen in Willys Leben – gewissermaßen das Todesurteil für den Handlungsreisenden –, aber es fühlt sich zweifellos nicht so an. Die Sprache klingt

---

* An diesem Punkt fallen im Übrigen die Worte »Tod eines Handlungsreisenden« im Stück, im Sinne der »Art von Tod, die jeder Handlungsreisende gerne hätte«: im Zug von New York nach Boston, auf dem Weg zur Arbeit. Der unbestimmte Artikel im Titel des Stücks impliziert jedoch das Gegenteil: nicht das beste Ende, auf das ein Vertreter hoffen könnte, sondern der Tod eines Handlungsreisenden *wie alle anderen* – eines Handlungsreisenden ohne Eigenschaften.

falsch. »Die vollständig dramatische Form«, schreibt Hegel in seiner Analyse der tragischen Form in der *Ästhetik*, »ist der *Dialog*«:

> Denn in ihm allein können die handelnden Individuen ihren Charakter und Zweck [...] in Rücksicht auf das Substantielle ihres Pathos *gegeneinander* aussprechen [...]. [...] das sittlich berechtigte Pathos, welches sie nun auch in pathetischer Beredsamkeit gegeneinander nicht in der subjektiven Rhetorik des Herzens und Sophistik der Leidenschaft geltend machen, sondern in jener ebenso gediegenen als gebildeten Objektivität [...].*

Das ist es, was hier fehlt. Im Zusammenhang mit Howards »Du mußt doch zugeben: Geschäft ist Geschäft« und »Paß auf, Junge, ich hab' viel zu tun heute« von Beredsamkeit zu sprechen, wäre absurd. Und was Willy betrifft, so ist sein Pathos nicht kämpferisch, sondern elegisch (»als er starb, waren Hunderte von Reisenden und Einkäufern auf der Beerdigung«). Beide Register wechseln sich ab, ohne dass es eine Verbindung zwischen ihnen gäbe, geschweige denn eine Konfrontation. Nur warum? Es ist der Wendepunkt der Handlung – warum ist die Sprache so unfähig, dies auszudrücken?

Gegeneinander. Die beste Antwort darauf hat Brecht in einem Aufsatz aus den 1930er Jahren gegeben. Nach dem Ersten Weltkrieg sei klar gewesen, so bemerkt er dort, dass »die wichtigsten Vorgänge unter Menschen nicht mehr so einfach dargestellt werden konnten, indem man die bewegenden Kräfte personifizierte [...]«.† Was *Tod eines Handlungsreisenden* betrifft: Wenn die »bewegenden Kräfte« der Handlung in dem Strukturwandel der Verkaufstätigkeit be-

---

* G. W. F. Hegel, *Vorlesungen über Ästhetik III*, a. a. O., S. 493, 546.
† Bertolt Brecht, »Vergnügungstheater oder Lehrtheater?«, a. a. O., S. 108.

stehen, den *Menschen im Büro* analysiert, dann wird Willys Schicksal auf einer Ebene entschieden, auf der seine und Howards Worte völlig belanglos sind, und es ist plausibel, dass ihrer Konfrontation – dem Gegeneinander, das für Hegel den Grundstein des dramatischen Zusammenstoßes bildete – jenes »sittlich berechtigte Pathos« abgeht, von dem die *Ästhetik* spricht, und die Szene stattdessen von Howards alberner Fixierung auf das Tonbandgerät oder Willys Verklärung der Vergangenheit beherrscht wird. Sagt, was ihr wollt, scheint das Stück zu signalisieren – es spielt wirklich keine Rolle mehr: Das Todesurteil kommt von unpersönlichen Kräften, die hinter der Bühne walten und kein Interesse an den konkreten Worten konkreter Individuen haben. Das Problem ist nur, dass die konkreten Worte konkreter Individuen (fast) das einzige sind, was einem Theaterstück zur Verfügung steht. Wenn sie keine Rolle mehr spielen, wie soll das Theater dann überleben?

Während das Auto wegrast. Lassen wir diese Frage für den Moment offen und ergänzen sie vielmehr um eine weitere: warum überhaupt *Tod* eines Handlungsreisenden? Der Handlungsreisende stirbt, gewiss, aber das tun viele Figuren in diesem Drama, ohne dass ihr Tod angekündigt wird, bevor das Stück überhaupt beginnt. Ein anderer Text mit einem ähnlichen Titel – Georg Büchners Drama *Dantons Tod* (1835), das von den wenigen Tagen handelt, bevor Danton unters Fallbeil geschickt wird – wirft etwas Licht auf diese Frage. Peter Szondi:

> Im Gegensatz zu Phädra, Hamlet, Demetrius, deren Tod die Überschriften nicht zu nennen brauchen, charakterisiert Danton nicht sowohl, daß er sterben muß, als daß er nicht sterben kann, weil er schon gestorben ist.*

---

* Peter Szondi, *Versuch über das Tragische* [1961], in: *Schriften I*, Frankfurt a. M. 1978, S. 149–260, hier S. 260.

Ein Tod, der schon eingetreten ist und von dem wir lediglich den verlängerten Todeskampf miterleben. In Dantons Fall ist die Ursache die Französische Revolution selbst: Er ist »bereits tot« in dem Sinne, dass sein »politischer Moment« (Lukács) Vergangenheit ist und nie wiederkommen wird; das einzige, was er noch tun kann, ist zu überleben, und das mit immer weniger Überzeugung. Dasselbe bei Willy: sein »historischer Moment« – die Zeit, als ein Handlungsreisender seiner Familie einen Mittelschicht-Wohlstand bieten konnte – ist vorbei, und er geistert noch herum, prallt von einer Interaktion zur nächsten, ohne Orientierung oder Ziel. Außer in einem Moment: seinem Selbstmord. »Während das Auto wegrast, erreicht die Musik mit einem Crescendo aller Instrumente ihren Höhepunkt und bricht ab« (S. 113) – schöner Einfall, Mann und Auto in Leben und Tod zu vereinen wie einen Ritter und sein Pferd –, und Willy scheint die Macht über sein eigenes Schicksal wiederzugewinnen. »Scheint«: weil alles andere als ausgemacht ist, was in jenen wenigen Sekunden wirklich geschieht. Obwohl ein Selbstmord die wahrscheinlichste Erklärung ist,* bleibt auch ein Unfall im Rahmen des Möglichen,† eine endgültige Antwort ist daher unmöglich – übrigens ebenso wie für Büchners *Danton* und

---

* Im ersten Akt erwähnt Linda das Stück Gummischlauch, das sie im Heizungskeller gefunden hat; im zweiten spricht Willy zunächst mit Charley über seine Lebensversicherung und unmittelbar vor seinem Tod noch einmal mit Ben; einmal erzählt Linda auch Biff und Happy von einer Augenzeugin, die überzeugt ist, dass einer von Willys »Unfällen« in Wirklichkeit ein gezielter Versuch war, den Wagen von einer Brücke stürzen zu lassen.

† Willy hat nie versucht, den Schlauch hinter dem Boiler zu benutzen, so wenig, wie er sein Verschwinden bemerkt hat; und in der letzten Szene fährt er vielleicht verzweifelt weg, vielleicht aber auch in einem Zustand der Halluzination: Immerhin richten sich seine wenigen letzten Sätze, bevor er stirbt, erst an seinen toten Bruder Ben und dann an Biff als Teenager. Auch wurde die Möglichkeit eines Unfalls in der allerersten Szene des Stücks bereits in den Raum gestellt, als Willy Linda davon erzählt, wie er geistesabwesend beinahe von der Fahrbahn abgekommen sei.

viele andere moderne Stücke.* Diese Ungewissheit zwischen Selbstmord und Unfall markiert einen grundsätzlichen Unterschied zwischen dem modernen Drama und der antiken beziehungsweise der Renaissance-Tragödie, den ich hier nicht ausführlich erörtern kann; ich möchte aber deutlich machen, dass die Rede von einem »Unfall« nicht nahelegen soll, Willys Tod sei ein rein zufälliges Ereignis. Selbst wenn es ein zufälliger Tod *wäre*, wäre er immer noch die Folge des physischen und geistigen Zusammenbruchs, den Willys Arbeitsbedingungen verursacht haben: Er hätte eine »Ursache«. Das Problem ist, dass dieser Ursache das Gefühl von *Notwendigkeit* abginge, das wir von einem Drama erwarten: Willys endlose Autofahrten haben seinen Tod *wahrscheinlicher* gemacht, aber kaum unvermeidlich. In einem Roman wäre dieses Element der »Wahrscheinlichkeit« völlig angemessen; in einem Theaterstück ist es ein Zeichen dessen, was Bachtin als »Romanisierung« der modernen Literatur bezeichnet hat: Die Konventionen und die Weltsicht des Romans infiltrieren andere Genres und unterziehen sie einem tiefgreifenden Wandel. Kann sich die dramatische Kunst aber durch Konventionen des Romans umgestalten – und seinen Protagonisten bei einem Autounfall sterben – lassen, ohne ihre Existenzberechtigung zu verlieren?

---

* Dantons Untätigkeit wird von manchen Figuren als eine Form des indirekten Selbstmords verstanden – während sie für andere nur ein Zeichen seiner völligen Realitätsferne ist. Ibsen, der wohl den größten Einfluss auf Millers Dramaturgie hatte, ist ein weiteres schlagendes Beispiel. In *Baumeister Solness* sind Selbstmord und ein Schwindelanfall gleichermaßen wahrscheinliche Ursachen für Solness' Tod, während Hedwig in der *Wildente* – obwohl es einigermaßen wahrscheinlich ist, dass das Mädchen sich umbringen möchte – vielleicht auch an ihrem eigenen Körper ausprobiert, wie man auf die Ente schießen muss, deren Aufopferung das Thema ihres langen und mehrdeutigen Gesprächs mit Gregers war. (»Die Wildente!« sind die letzten Worte, die sie äußert, unmittelbar bevor sie auf den Dachboden verschwindet.) Ähnlich ließe sich für *Hedda Gabler*, *John Gabriel Borkman* und *Wenn wir Toten erwachen* argumentieren.

Miller vs. Miller. Versuchen wir, diese verschiedenen Fäden zusammenzuweben. Zwei wesentliche Episoden von *Tod eines Handlungsreisenden* – Willys Entlassung und sein womöglich »unfallbedingter« Tod – werden beide durch »bewegende Kräfte« verursacht (den Wandel der Verkaufstechnik nach dem Krieg und die daraus folgenden Arbeitsbedingungen), die nicht in dramatischer Form darzustellen sind und die deshalb eine erhebliche Dosis Ungewissheit (wie genau stirbt Willy) oder schlicht und einfach Rauschen (all die Kinkerlitzchen rund um seine Entlassung) in den Text hineinbringen. Die historische Intelligenz der amerikanischen Gesellschaft scheint im Widerspruch zu den strukturellen Zwängen des Theaters zu stehen, und wie genau Miller mit diesem Gegensatz umgeht, gibt uns einen Hinweis darauf, was er für das Projekt des Stücks als wesentlich ansieht. So scheint ihn die planlose Gangart der Entlassungsszene nicht zu stören: Ihre Unschärfe schwächt womöglich die politische Dimension von *Tod eines Handlungsreisenden*, aber das reicht nicht, um einen größeren Eingriff zu provozieren. Willys Tod ist eine andere Sache: Obwohl die Möglichkeit eines Unfalls von der ersten Szene an ein Leitmotiv des Stücks ist, wird sie zunehmend in den Hintergrund gedrängt, während Anspielungen auf einen Selbstmord in den Vordergrund des Dialogs rücken. Man hat den Eindruck, als sei sich Miller der beiden gegensätzlichen Möglichkeiten bewusst und als wolle er die dramatischen Konventionen wieder in ihr Recht setzen, indem er Willy Selbstmord begehen lässt – wie Ajax, Antigone, Othello, Phädra –, statt ihn, wie so viele Romanfiguren, dem Druck der Umstände erliegen zu lassen. Das verräterischste Beispiel dafür aber, dass Miller gegen die Logik seines eigenen Werks arbeitet, ist eine Episode, die ich noch nicht erwähnt habe, obwohl sie mir jedes Mal, wenn ich das Stück zur Hand nehme, als Cover meiner Penguin-Taschenbuchausgabe vor Augen steht. Ich habe sie nicht erwähnt, weil *Tod eines Handlungsreisenden* sie nicht wirklich braucht; Penguin hat sie auf den

Umschlag genommen, weil sie wohl der unvergesslichste Moment des ganzen Abends ist. Merkwürdig.

Boston. *Tod eines Handlungsreisenden* ist die Geschichte eines dreifachen Scheiterns: Willys Scheitern als Verkäufer, das Scheitern von Willys Träumen über Biff und Biffs Scheitern als Sportler. »Und ich hab's nie zu was gebracht, weil du mir einen solchen Größenwahn eingeredet hast, daß ich von niemandem mehr Anweisungen entgegennehmen wollte!« (S. 109), schreit er seinen Vater in der Auseinandersetzung gegen Ende des zweiten Akts an, und seine Worte – die durch die vielen Rückblenden des Stücks untermauert werden – sind eine perfekte Erklärung für sein Scheitern. Willy hat Biffs Schikanen und Ausflüchte stets nicht nur gebilligt, sondern ermutigt, und man kann sich leicht vorstellen, wie diese Geschichte hätte weitergehen können: Biff fliegt vom College, weil er in der Prüfung abgeschrieben hat; sein Trainer setzt ihn wegen seiner eitlen Arroganz auf die Reservebank; oder er könnte sich am Ende als mittelmäßiger Spieler erweisen, wie es bei den meisten High-School-Stars der Fall ist, oder sich eine dieser typischen banalen Verletzungen zuziehen, die eine Karriere beenden. Es gibt so viele Möglichkeiten, wie Träume – amerikanische oder andere – durch den Reibungswiderstand der gewöhnlichen Umstände zum Platzen gebracht werden können: Willy selbst hat dieses Schicksal erlitten, und nichts wäre plausibler – und auf seine Weise überzeugender – als eine Verdopplung seines Schicksals durch das seines älteren Sohns. Wie aber zeigt ein Theaterstück jenes »freudlose Sich-Hingeben an jede Lockung der Umstände – ein häufigerer Weg zur Hölle als jeder einzelne gewichtige Pakt mit dem Bösen«?* *Middlemarch* ist ein Roman, und selbst der hat es damit nicht leicht. Und das Theater? Ein weiteres Mal dieselbe Verzweigung:

---

* George Eliot, *Middlemarch. Eine Studie des Provinzlebens* [1872], übers. von Ilse Leisi, Zürich 1962, S. 1065.

historisches Verständnis *versus* Dramenkonventionen. Und diesmal trifft Miller eine ganz andere Wahl. Bernard, Biffs Freund aus der Highschool, erzählt Willy von dem Moment, der Biffs Leben ein für allemal veränderte:

> BERNARD: [...] Und ich dachte mir, er sei dir nach, nach Neu-England. Habt ihr euch da ausgesprochen?
> *Willy starrt stumm vor sich hin.*
> BERNARD: Willy?
> WILLY *in ziemlich vorwurfsvollem Ton*: Ja, er kam nach Boston. Was tut das zur Sache?
> BERNARD: Also, nur als er zurückkam – ich werd' es nie vergessen, [...] [er] nahm seine Turnschuhe – erinnerst du dich an die Turnschuhe mit dem Aufdruck »Virginia-Universität«? Er war so stolz darauf, trug sie jeden Tag. Und er ging mit ihnen in den Keller und verbrannte sie in der Heizung. [...] Ich hab' oft gedacht, wie eigenartig, daß ich da wußte: Jetzt gibt er sein Leben auf. Was ist in Boston passiert, Willy? (S. 77 f.)

Was passierte, war dies: Biff tauchte unangekündigt in Willys Hotel auf und traf ihn mit einer anderen Frau an. Kurz vor den Schluss gesetzt, ohne jede Vorbereitung und eindeutig als Antwort auf Bernards Frage gedacht, verändert Boston völlig unsere Wahrnehmung der Handlung und der Geister, die die Familie Loman heimsuchen. Wenn Biff scheiterte und Willy scheiterte und alles scheiterte, dann weil Biff Willys Affäre entdeckte. Von wegen Verkaufstechnik und Arbeitsbedingungen, Mythos des Sports und heimliche Lust des Einschüchterns: Boston macht alle strukturellen Erklärungen überflüssig. Aus sexuellem Moralismus? Immer möglich; aber da das Stück keinen anderen Hinweis in diese Richtung gibt, bezweifle ich das. Wenn die Szene so wichtig für Miller war, dann nicht aus »ethischen« Gründen, sondern weil sie noch einmal »die bewegenden

Kräfte personifizierte«, wie Brecht es nicht mehr für plausibel hielt; sie führte *Tod eines Handlungsreisenden* in eine Welt konkreter individueller Handlungen – und damit *zum Theater* zurück, und zwar dorthin, wo es *am theatralischsten* ist: In der Boston-Episode werden die Bühnenanweisungen auf einmal hochwichtig: Biff klopft »von links«, die Frau »verschwindet seitwärts«, das Licht »geht mit ihnen, und plötzlich steht [Willy] Biff gegenüber«, die Frau kommt wieder rein, lachend ... (S. 96 f.). Es könnte eine Farce aus dem 19. Jahrhundert sein. Dies ist der billigste, melodramatischste Moment des ganzen Abends, zugleich aber auch der unvergesslichste, weil sich ausnahmsweise einmal alles, was wichtig ist, vor unseren Augen abspielt. Nur ist es ein Jammer, dass wir im Angesicht dieser Szene die wahre Intelligenz von *Tod eines Handlungsreisenden* vergessen.

6 Amsterdam, New Amsterdam

I.

Der Geschichtenerzähler. Von Jan Vermeers rund vierzig Gemälden zeigen mehr als die Hälfte Szenen wie die in Abbildung 9. *Die unterbrochene Musikstunde* (um 1659–1661) wird es üblicherweise genannt; aber ganz so einfach verhält es sich vielleicht nicht. Da das Instrument auf dem Tisch abgelegt und die Partitur über ihm ausgebreitet wurde, ist es unwahrscheinlich, dass die junge Frau wirklich gespielt hatte, als sie unterbrochen wurde; genauso wenig ist klar, was sie und ihr Musiklehrer (ist es überhaupt ein Lehrer?) sich anschauen; auf jeden Fall sieht es anders aus als die Partitur auf dem Tisch. Und worin genau besteht die »Unterbrechung«? Warum wendet sich das Mädchen dem Betrachter zu, der »Lehrer« hingegen nicht? Wie nah sich ihre Hände kommen, ihre Finger müssen sich unter dem Papier, das sie beide halten, fast berühren; und er umschließt sie mit einer Geste, für die es kein Pendant bei der männlichen Figur jener anderen *Musikstunde* (um 1662–1664) gibt – so wenig übrigens wie bei sonst einer der männlichen Figuren Vermeers. Dann der Ausdruck im Gesicht des Mädchens: weder überrascht noch besorgt; ein wenig ironisch vielleicht? Ein wenig hochnäsig? Das Gemälde liefert keine Antwort auf diese Fragen; es zeigt uns nur diese vornehm rätselhafte Szene aus einer Geschichte, die wir nie kennen werden. Und jenes andere Mädchen in *Kavalier und junges Mädchen* (um 1657–1659): so unschuldig, fast kindlich in der vertrauensvollen Offenheit ihres Lachens. Welche Geschichten hat er ihr erzählt, fragt man sich, um ihre Aufmerksamkeit zu fesseln, sodass sie das Glas Wein in ihren Händen fast vergessen hat? Und wer *ist* er? (Was für eine Idee, uns diese breiten Schultern, dieses prächtige Gewand direkt vor Augen zu stellen – und dann sein Gesicht zu ver-

Abb. 9: Jan Vermeer, *Die unterbrochene Musikstunde* (um 1659–1661)

bergen.) *Dame mit Dienstmagd und Brief* (um 1667/68): Die Magd übergibt ihrer Herrin einen Brief und unterbricht sie dabei, einen *anderen* Brief zu schreiben; wie viele Briefromane spielen sich ab in diesem bürgerlichen Haushalt? *Briefschreiberin und Dienstmagd* (um 1670/71): Die Magd blickt zum Fenster; wartet draußen etwa jemand auf eine Antwort? Erwartet die *Magd* jemanden? Oder dient sie als Wachposten, um sicherzustellen, dass ihre Herrin am Schreibtisch nicht überrascht wird? Und so weiter und so weiter, bis die eigentliche Frage nicht mehr lautet, ob die Magd als Wachposten dient, sondern: warum all diese kleinen Rätsel in Vermeers Werk?

Schlafendes Mädchen, Briefleserin in Blau. Eine mögliche Antwort findet sich in Roland Barthes' Unterteilung von Erzähleinheiten in »Kerne« oder »Kardinalfunktionen« – wesentliche Wendepunkte, die die allgemeine Richtung der Geschichte verändern – und »Katalysen«, die den narrativen Raum »füllen«, die Handlung von einem Wendepunkt zum nächsten vorantreiben, ohne ihren grundsätzlichen Verlauf zu ändern.* Die kleinen Rätsel in Vermeers Bildern sind genau der Stoff, aus dem solche Füllsel gemacht sind: Eine Dame schreibt einen Brief, und vielleicht schreibt sie sogar an einen heimlichen Liebhaber; aber es gibt kein Anzeichen dafür, dass es ihr *erster* Brief ist (oder gar ihr letzter); es ist *eine* Episode in ihrem Roman, nicht die entscheidende. Ein Mädchen lächelt einen etwas beunruhigenden Soldaten an; im Moment ist es *nur* ein Lächeln. Die Situation ist offen, aber nicht dramatisch. Bezeichnenderweise enthüllte eine Röntgenuntersuchung von Vermeers erstem »narrativem« Gemälde – *Schlafendes Mädchen* von ca. 1656/57, das sich heute im Metropolitan Museum befindet – einen Wechsel von einer Art Episode zu einer anderen: Ursprünglich schloss die Szene einen Mann ein, der sich in dem Zimmer im Hintergrund bewegte – ein äußerst bedrohlicher Einschlag, bedenkt man, wie schutzlos das schlafende Mädchen wirkt. Dann aber löschte Vermeer die drohend aufragende Figur aus, ließ den zweiten Raum leer und kehrte nie wieder zu dieser Art von Komposition zurück. Seine Bilder zeigen eine *sichere* Welt, in der die alltägliche Existenz ins Offene schweben kann, während sie zugleich fest in den Schranken bürgerlicher Geselligkeit verankert bleibt: musizieren, schreiben, lesen, Konversation, Liebeswerben ... Eine lebhafte und doch gelassene Erprobung der eigenen Position innerhalb einer sozialen Klasse und ihrer Kultur:

---

* Roland Barthes, »Einführung in die strukturale Analyse von Erzählungen«, in: ders., *Das semiologische Abenteuer*, übers. von Dieter Hornig, Frankfurt a. M. 1988, S. 102–143, hier insbes. S. 112 ff.

Abb. 10: Edward Hopper, *Sonntag* (1926)

davon handeln diese häuslichen »Erzählungen«. Es ist eine Welt mit einem derart sicheren Zugehörigkeitsgefühl, dass selbst eine alleinstehende Figur wie die *Briefleserin in Blau* (um 1663/64) des Rijksmuseums es noch ausstrahlt: So versunken ist sie in den Brief, den sie gerade liest, dass wir die Präsenz einer mächtigen Beziehung – einer »Gesellschaft« – spüren, obwohl auf der Leinwand sonst niemand zu sehen ist. Die Menschen sind bei Vermeer oft allein; einsam nie.

Automat. Edward Hoppers Welt ist ein fernes Echo der Welt Vermeers und zugleich Punkt für Punkt ihr genaues Gegenteil. In seinem Amerika des zwanzigsten Jahrhunderts wird der leuchtende Alltag des frühneuzeitlichen Hollands gegen die alten Konnotationen des Begriffs eingetauscht: der Alltag als farblose Abfolge leerer, ereignis-

Abb. 11: Edward Hopper, *Automat* (1927)

loser Tage. Der Mann in *Sonntag* (1926; Abbildung 10) ist allein, nicht in dem Sinn, dass niemand bei ihm ist, sondern weil er niemanden mehr zu *erwarten* scheint. Da sitzt er, klein, zusammengesunken, und starrt ins Leere. *Automat* (1927; Abbildung 11): eine Art Restaurant, in dem die Gäste ihr Essen selbst aus Automaten holten, was jeden zwischenmenschlichen Kontakt überflüssig machte; und eine Frau, die in einem leeren Raum sitzt, in dem selbst der Heizkörper noch Kälte ausstrahlt. Und die Titel dieser Gemälde: Räume, Zeiten (*Automat*, *Sonntag*, *Büro in einer Kleinstadt*, *Früher Sonntagmorgen*, *Zimmer in New York*, *Morgen in einer Stadt*) – aber kein Anzeichen irgendeiner Tätigkeit. Vermeers Menschen waren immer mit irgendetwas *beschäftigt*: Wenn sie normalerweise auch nicht im eigentlichen Sinn des Wortes *arbeiteten* (obwohl es auch *Das*

Milchmädchen von ca. 1658–1661 und *Die Spitzenklöpplerin* von ca. 1669/70 gibt), so lasen sie doch, schrieben, hörten zu, spielten Flöte oder probierten ein Halsband an. Aktiv. Hoppers Figuren sind, selbst wenn sie nominell bei der Arbeit sind (*Büro in einer Kleinstadt*, 1953), so steif, als hätte man sie hypnotisiert. Nicht das Handeln, sondern sein vorübergehendes *Aussetzen* ist Hoppers großes Thema: *Nachtschwärmer* (1942): So spät in der Nacht kann nichts mehr passieren; ein »Füllsel«, das mit nichts gefüllt ist. Die Frau in *Automat* hat die Hand am Henkel der Tasse; wird sie je aus ihr trinken? (Oder ist sie schon fertig und zögert den Moment des Aufbruchs hinaus?) *Chop Suey* (1928): Zwei Frauen, die sich an einem schmalen Tisch gegenübersitzen und aneinander vorbeiblicken; eine leere Schale, eine Teekanne ohne Tassen. *Zimmer in New York* (1932; Abbildung 12): ein Mann liest Zeitung, eine Frau hat sich in einer unbequemen Haltung von ihm weggedreht. Es gibt eine Stelle in *Madame Bovary* –»der Gipfelpunkt der Ausmalung ihrer Verzweiflung«, wie Auerbach in *Mimesis* schrieb –, in der Emma darauf wartet, dass ihr lethargischer Ehemann mit dem Abendessen fertig wird, und ihre Einsamkeit darin einen verdichteten Ausdruck findet, dass sie sich »damit vergnügte, mit der Messerspitze allerlei Linien in das Wachstuch zu kritzeln«.* Dasselbe hier: Obwohl sie vor dem Klavier sitzt, spielt die Frau offensichtlich nicht; sie schlägt nur die Zeit tot und lässt ziellos einen Finger über die Tasten gleiten, während sie darauf wartet, dass der Mann seine Lektüre beendet. Um dann was zu tun? Sie scheint Abendgarderobe angelegt zu haben; er scheint es nicht bemerkt zu haben. Es steckt definitiv eine Geschichte hinter dieser Szene, aber *nur* hinter ihr: in der Zukunft – nichts.

---

* Gustave Flaubert, *Madame Bovary* [1857], übers. von Arthur Schurig, Frankfurt a. M. 1981, S. 94.

Abb. 12: Edward Hopper, *Zimmer in New York* (1932)

Raum und Fenster. Vermeers Tiefe: die beiden Frauen in *Der Liebesbrief* (um 1669/70; Abbildung 13), die ziemlich weit von uns weggerückt sind, inmitten eines Hinterzimmers, ein Wäschekorb zu ihren Füßen; und dann Clogs, ein Mopp, ein Türrahmen, Regale mit Papieren und anderen Dingen ... Die Figuren in *Die unterbrochene Musikstunde*, *Das Mädchen mit dem Weinglas* (um 1659/60) und *Stehende Virginalspielerin* (um 1670–1672) sind dem Betrachter in einer Weise zugewandt, dass der Raum zwischen ihnen und uns zu einem Teil des Gemäldes wird; wir sind es, die die Musikstunde unterbrochen haben und ins Zimmer getreten sind. Selbst wenn die Szene nahe an der Bildebene stattfindet, wie im Fall von *Kavalier und junges Mädchen*, betont eine Vielzahl räumlicher Schichten – der Stuhl des Soldaten, der sitzende Mann, der Tisch, das Mädchen, ihr Stuhl, die

Abb. 13: Jan Vermeer, *Der Liebesbrief* (um 1669/70)

Wand hinter ihr – die Tiefe eines dem Anschein nach sehr kleinen Zimmers. Diese Auffassung des häuslichen Raums dürfte sich der Architektur frühneuzeitlicher niederländischer Städte verdanken – mit ihren schmalen Häusern, die sich nach »innen« entfalten, in die Tiefe, Tortenstücken gleich, abgewandt von der öffentlichen Welt der Straßen und Kanäle; eine Anordnung, die den Eindruck von Privatsphäre verstärkt haben muss (und die bei Vermeer immer mit einer Wand endet, wie um das Vorhandensein eines »Privaten im Privaten« anzudeuten – des Schlafzimmers, das für die Darstellung tabu bleibt). Dann kehrt man zurück zum *Zimmer in New York* und stellt fest, dass die Achse um 90 Grad gedreht wurde: Was einst tief war, ist jetzt horizontal und flach. Es gibt hier immer noch ein »Innen«, aber es ist kein »Interieur« mehr: Obwohl das Klavier auf eine

Privatwohnung schließen lässt, fühlt sich das Ganze mehr wie ein Hotel an: nichtssagende Bilder, gelbliche Tapete, ein leerer Tisch – ohne jede individuelle Note. Das Zimmer ist beengt, ungemütlich; der Sims des großen offenen Fensters scheint in den Raum hineinzuragen und ihn in einen Belagerungszustand zu versetzen. »Fassadenöffnungen« nannte Le Corbusier die neuen horizontalen Fenster der Architektur des zwanzigsten Jahrhunderts und begrüßte sie als Protagonisten eines neuen häuslichen Raums, in den sie »Licht und Luft reichlich eintreten« lassen würden.*
Licht und Luft – beim Maler von Elektrizität und umschlossenen Räumen? Das ist nicht die Funktion eines solchen überdimensionalen Fensters, sondern vielmehr: die Privatsphäre zu enthüllen, ihr jeden Schutz vor dem neugierigen Blick der Öffentlichkeit zu nehmen, sie nicht nur sichtbar, sondern von außen *einsehbar* zu machen. Die Gesellschaft als ein gigantisches Aquarium.

Man konnte, so schien es, nichts tun. Eine leblose Privatsphäre; verlassene öffentliche Räume. *Drug Store* (1927; Abbildung 14): geschlossen. *Früher Sonntagmorgen* (1930): menschenleer. Es ist Sonntagmorgen, und früh, also kein Wunder, dass niemand zu sehen ist. In der Kunst aber ist Kausalität immer getarnte Teleologie: Niemand hat Hopper gezwungen, eine Apotheke nach Geschäftsschluss oder eine Straße am Sonntag zu malen; er tat es, weil er auf diese Weise eine so radikale Leere zeigen konnte, dass sie die Idee des Öffentlichen selbst konterkarierte. Öffentlichkeit – Publikum, *populus*, Volk; aber nicht hier. Es ist die Errungenschaft von *Nachtschwärmer* (Abbildung 15), vier Personen in einen kleinen Raum zu stecken, und diesen trotzdem leer

---

* Der Ausdruck entstammt dem Manifest »Fünf Punkte zu einer neuen Architektur«, das Le Corbusier und Pierre Jeanneret 1926 verfassten, in: *Die Form. Zeitschrift für gestaltende Arbeit*, Bd. 2, H. 9 (1927), S. 272 ff. Ich danke Daniel Jütte dafür, dass er mich auf Le Corbusiers Ideen zu Fenstern aufmerksam gemacht hat.

Abb. 14: Edward Hopper, *Drug Store* (1927)

Abb. 15: Edward Hopper, *Nachtschwärmer* (1942)

erscheinen zu lassen. Und es *ist* eine Leistung, die Entwurf um Entwurf, durch die Verstärkung aller Zeichen einer allgemeinen Unverbundenheit gezielt angestrebt wurde. »Im Laufe des Fortgangs der Studien werden die Fenster immer größer«, wie Judith Barter beobachtet hat, während die menschlichen Figuren »kleiner werden und nach rechts rücken«.* Der Mann und die Frau an der Bar saßen ursprünglich näher beisammen; in einer Fassung scheinen sie sich zu berühren; in einer anderen scheint er mit ihr zu sprechen. Jedes Mal ein kleiner Schritt – der Barmann stärker von den anderen isoliert, die linke Ecke weiter ausgezogen, das Paar auseinandergerückt, die Decke höher gemacht, die Straße breiter, die Gebäude größer – Hopper hat seine eigene Leinwand geleert. Hier sind sie: vier Menschen allein in der Nacht, die ihre Rückkehr in ein »Zimmer in New York« hinauszögern. Und schließlich: Rückkehr zu was? Ich habe gesagt, dass Hoppers Figuren inaktiv sind, und das sind sie zweifellos; aber *beschäftigungslos* träfe es besser. Obwohl seine ersten bedeutenden Gemälde einige Jahre vor der Weltwirtschaftskrise entstehen, ist es die Stimmung der 1930er Jahre, die sie zu so wirkmächtigen Symbolen des amerikanischen Lebens gemacht hat. »Jeder litt unter dem Gefühl völliger Hoffnungslosigkeit«, schrieb John Kenneth Galbraith über die Jahre der Großen Depression: »man konnte nichts tun, so schien es. Und angesichts der herrschenden wirtschaftspolitischen Lehre konnte man auch nichts tun.«† Von daher die unheimliche Anmutung von Hoppers Morgenstimmungen: Weit entfernt davon, das Gefühl eines Neuanfangs zu vermitteln – Vermeers Sonnenlicht, das warm durch seine kleinen Fenster fällt –, lassen sie jede Handlung ganz unvorstellbar erscheinen. *Morgen in einer Stadt* (1944): Eine Frau steht,

---

* Judith A. Barter, »Nighthawks. Transcending Reality«, in: dies. u. a., *Edward Hopper*, London 2007, S. 200.
† John Kenneth Galbraith, *The Great Crash, 1929* [1954], Boston 1961, S. 192.

aus dem Fenster blickend, nackt und regungslos in einem kargen Zimmer. Ihre Haltung hat etwas *Endspiel*-haftes; eine ferne, verschwommene Erinnerung an andere Menschen irgendwo da draußen. Aber ein Bann hält sie gefangen, wie alle anderen in diesen Bildern: *Morgen in Cape Cod* (1950), *Morgensonne* (1952), *Morgen in South Carolina* (1955): Jede schaut nach draußen, keine *traut* sich nach draußen. Wachsfiguren in schwindsüchtigem Licht.

II.

Zeit vergeht. Warum drückt »die Seele sich am deutlichsten« im menschlichen Gesicht aus, fragte Georg Simmel 1901 und warf damit *die* Frage auf, die jede Theorie des Porträts zweifellos beantworten muss. Dass das Gesicht normalerweise unverhüllt und den Blicken ausgesetzt ist, während der Körper bedeckt – und damit potenziell »verborgen« – ist, bildet gewiss einen Teil der Antwort. Simmel geht aber weiter:

> Als die eigentliche Leistung des Geistes kann man bezeichnen, daß er die Vielheit der Weltelemente in sich zu Einheiten formt [...]. Je enger die Teile eines Zusammenhanges auf einander hinweisen, je mehr lebendige Wechselwirkung ihr Außereinander in gegenseitige Abhängigkeit überführt, desto geisterfüllter erscheint das Ganze. [...] Innerhalb des menschlichen Körpers besitzt das Gesicht das äußerste Maß dieser inneren Einheit.*

Kein einzelner Gesichtszug, so auffällig er auch sein mag – Augen, Mund, Nase, Kiefer –, birgt das Geheimnis des Aus-

---

* Georg Simmel, »Die ästhetische Bedeutung des Gesichts«, in: *Der Lotse. Hamburgische Wochenschrift für deutsche Kultur*, Juni 1901, S. 280; hier zit. nach: ders., *Aufsätze und Abhandlungen 1901–1908*, Bd. I, Gesamtausgabe, Bd. 7, Frankfurt a. M. 1995, S. 36–42, hier S. 36.

Um die Unterschiede zwischen den 32 Dosen zu bemerken, muss man auf mikroskopisch kleine Details achten; bei Marilyn registriert man sofort das Weiß der Zähne hier, das Blau der Lider dort, die Locken, die Lippen, die Schatten, die Augenbrauen ... Immer sie, immer ein wenig anders: dünner, blonder, trauriger, sexyer, hässlicher ... Jedes Replikat der Fotografie auf seine eigene merkwürdige Weise individualisiert. Oder vielleicht: *pseudo*individualisiert. »In der Kulturindustrie«, schreiben Horkheimer und Adorno,

> ist das Individuum illusionär [...]. Von der genormten Improvisation im Jazz bis zur originellen Filmpersönlichkeit, der die Locke übers Auge hängen muss, damit man sie als solche erkennt, herrscht Pseudoindividualität.*

Pseudoindividualität ist das Resultat zweier konvergierender Prozesse: Erst werden Kulturprodukte – seien es Geschichten oder Melodien, Stile oder Bilder oder eben Persönlichkeiten – unerbittlich vereinfacht und genormt; dann werden individuelle Exemplare nachbearbeitet, um sie irgendwie »einzigartig« erscheinen zu lassen. Im Unterschied zur prosaischen Welt der Suppen will der Kulturmarkt, dass seine Produkte auf die eine oder andere Weise »besonders« sind; allerdings ist die Standardisierung bis Mitte des zwanzigsten Jahrhunderts so weit fortgeschritten, dass sich überhaupt nur noch Details wie Augenlider, Lippen oder eine »Locke« individualisieren lassen. Daher die Begriffswahl »Pseudo« in der *Dialektik der Aufklärung*: um dieses Vertrauen auf Accessoires als eine Parodie der wesentlich anspruchsvolleren – wesentlich *strukturelleren* – Ausbildung bürgerlicher Individualität zu denunzieren. Aber genau darin liegt ja Warhols Reiz: Bei ihm ist *nichts*

---

* Max Horkheimer/Theodor W. Adorno, *Dialektik der Aufklärung. Philosophische Fragmente* [1947], Frankfurt a. M. 2008, S. 163.

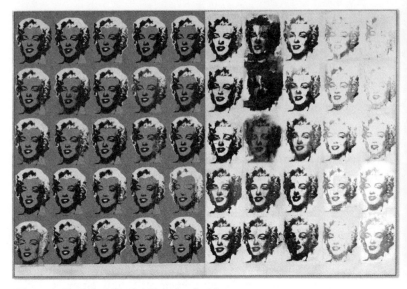

Abb. 20: Andy Warhol, *Marilyn Diptychon* (1962)

Prozess der Entropie ist unvorstellbar in dieser Welt, in der es keine Zeit gibt und der Tod nur der »Dolchstoß« der Cinquecento-Bildnisse sein kann, den Simmel Rembrandts auf so natürliche Weise in das Meer des Todes mündendem »Strom« entgegengesetzt hatte. Für Warhol – wie ja auch für Kinder – kann der Tod nur zufällig oder gewollt sein: ein Autounfall, Mord, Selbstmord, elektrischer Stuhl. Es ist eine Welt, in der selbst die Alten jung sterben.

Pseudoindividualität. Marilyns Gesicht als menschliche Suppendose also? Ja und nein. Trotz ihrer vermeintlichen »Fließband«-Qualität erzeugte Warhols eigenwilliger Gebrauch der Siebdrucktechnik eine Diskrepanz zwischen Bild und Farbe, aus der eine ganze Serie »mechanischer Abweichungen« von der jeweiligen Vorlage hervorging. Man muss nur *Campbells Suppendosen* mit der linken Tafel des *Marilyn Diptychons* (und erst recht mit der rechten) vergleichen:

und pries die Siebdrucktechnik – der er sich nach dem Abschluss der Ferus-Ausstellung zuwandte – für ihren »Fließbandeffekt«. Alles schien, mit anderen Worten, für eine Erforschung des amerikanischen Warenkosmos in großem Stil bereit. Dann –

4. August 1962. Dann beging am letzten Abend der *Campbells-Suppendosen*-Ausstellung und nicht weit von ihr entfernt Marilyn Monroe Selbstmord. Nur drei Monate später wurde das *Marilyn Diptychon* (Abbildung 20) in New York gezeigt. Das Werk, das heute in der Tate Modern hängt, besteht aus fünfzig Bildern Marilyn Monroes, angeordnet auf zwei Tafeln zu je 25 Bildern: auf der linken in rosarot, rot, hellorange, gelb und türkis; auf der rechten in schwarz und weiß. Einige Bilder auf der rechten Seite sind fast zur Gänze von einer dicken schwarzen Schmierspur verdeckt, während die äußerste Reihe so verblasst ist, dass die Bilder am Rande des endgültigen Verschwindens zu sein scheinen; und es fällt schwer, die Schmierspur nicht als Vorboten einer plötzlichen Katastrophe zu interpretieren und das Verblassen nicht als allmähliches Verschwinden eines einst berühmten Gesichts aus der öffentlichen Erinnerung (nachdem die Kurzlebigkeit modernen Ruhms natürlich Warhols berühmtestes Bonmot ist). *Leben und Tod eines Filmstars* – ein bisschen simpel, aber effektvoll. Umso bemerkenswerter, dass die »Todesseite« des Diptychons in Warhols künftigem Schaffen so radikal abwesend sein sollte, da nun Schwarz und Weiß für immer von den grellen Farbtönen ausgelöscht werden, mit denen die Siebdrucke das zugrundeliegende Gesicht dreist, ja vulgär bedecken. Haut, Augen, Lippen, Haar, Zähne ... Zug um Zug wird Marilyn buchstäblich mit schrillen Farben überdeckt – so wie Jackie, Mao, Elvis, Liz. (Warhols Motive sind so berühmt, dass ein Name genügt.) Alle verändern sich ständig, weil ihre Farben sich ändern; alle verändern sich, und niemand *altert*. Der für Rembrandts Auffassung vom Porträt so zentrale

Campbells Suppendosen nach Belieben zerstückelte, kaufte Blum die fünf Bilder zurück, die er bereits – für hundert Dollar das Stück – verkauft hatte (eines davon an den Schauspieler Dennis Hopper), weil er zu der Überzeugung gelangt war, dass die 32 Gemälde zusammenbleiben sollten. (Warhol stimmte zu und überließ ihm die ganze Reihe für tausend Dollar.) Dank Blum wurde *Campbells Suppendosen* effektiv neu verstanden als ein zusammenhängendes Werk, das in eine Serie von Einzelbildern untergliedert war. Serie: das ist der Schlüssel. Diese Vorstellung war in nuce schon in den Katalogen der *Grasblätter* enthalten, die ein magisches Gleichgewicht zwischen dem *pluribus* semantischer Inhalte (in ihrem permanenten Wechsel von einem »freien« Vers zum nächsten) und dem *unum* der Grammatik (in ihrer uniformierenden Verpflichtung auf dieselben Grundstrukturen) auf den amerikanischen Raum projizierte. Abwechslung und Gleichheit waren damals beide präsent, und beide gleich stark: Ein Jahrhundert später ist das Gleichgewicht verloren gegangen, und der Witz von *Campbells Suppendosen* besteht darin zu zeigen, wie unglaublich gleichförmig im Zeitalter der mechanischen Reproduktion alles geworden ist. Und Warhol liebte die Gleichförmigkeit:* Deshalb taufte er sein New Yorker Studio auf den Namen »Factory«

---

* In diesem Punkt ist der Gegensatz zu Edward Hopper bemerkenswert. Auch Hopper war sich der Gleichförmigkeit moderner Produktion bewusst (in seinem Fall der städtischen Architektur): Man muss nur an die zehn identischen Fenster von *Früher Sonntagmorgen* denken, ganz zu schweigen von den 150 Fenstern von *Apartment Houses, East River* (1930). Doch konzentrieren sich seine Bilder auf den *Unterschied*, den es nach wie vor in der Serie gibt: Einige Fenster in *Früher Sonntagmorgen* sind offen, andere geschlossen, die Jalousien sind unterschiedlich weit hochgezogen, es gibt weiße Flecken und einen Schatten, der diagonal auf die Fassade fällt ... (und wenn man genau hinsieht, findet man dieselben irreduziblen Unterschiede auch in den Fensterzeilen der *Apartment Houses*, wenngleich die Details hier natürlich weniger ausgeprägt sind). Hopper malt eine Welt, die noch nicht von abstrakter Gleichförmigkeit beherrscht wird. Für Warhol *ist* abstrakte Gleichförmigkeit die Welt.

Abb. 19: Andy Warhol, *Campbells Suppendosen* (1962)

Der Galerist Irving Blum war es, der alles veränderte, indem er zwei Entscheidungen traf, die die öffentliche Wahrnehmung Warhols auf Jahrzehnte hinaus prägen sollte. Erstens hängte er die Gemälde in einer einzigen langen Reihe über einem schmalen Sims auf, der an ein Supermarktregal erinnerte: eine Wahl, die die Bilder als industriell hergestellte Waren präsentierte, woraufhin es Kommentare über die Kapitulation der Kunst vor dem Markt hagelte.* Statt nun aber zuzulassen, dass der Kunstmarkt

---

* Insofern *Campbells Suppendosen* die Aufmerksamkeit auf die Etiketten der Dosen lenkte, die (auch) die Funktion hatten, den Blick des potenziellen Käufers anzuziehen, verband das Werk Kunst, Werbung und die industrielle Warenproduktion, als ob es auf eine wichtige Gemeinsamkeit zwischen ihnen hinweisen wollte. Und genau wie die moderne Kunst per definitionem jenseits von wahr und falsch ist, so ist ja auch die Werbung (normalerweise) weder hundertprozentig wahrheitsgemäß noch vollkommen verlogen, und – um zu dem buchstäblichen »Inhalt« der Suppendosen zu kommen – Dosensuppen sind selbst weder völlig natürlich noch völlig künstlich. Es ist die Überschneidung dieser drei »Weder-nochs«, die *Campbells Suppendosen* auf so mehrdeutige Weise unwiderstehlich macht.

Verrostet und zerfallen: Rembrandts ramponierte Haut und kleinlauter Blick. Zu seinem letzten Lebensabschnitt notiert Simmel:

> Bei vielen italienischen Porträts hat man den Eindruck, daß diesen Menschen der Tod in Form eines Dolchstoßes kommen würde, – bei den Rembrandtschen, als würde er die stetige Weiterentwicklung dieser fließenden Lebensganzheit sein, wie der Strom, indem er in das Meer mündet, doch nicht durch ein neues Element vergewaltigt wird, sondern nur seinem natürlichen, von je bestehenden Fall folgt.*

Der Tod als ein Strom, der seine Wasser mit denen des Meeres vermischt. Dieses Bild wollen wir im Kopf behalten.

Fließband. Bevor er zu einem der berühmtesten Porträtisten des späten zwanzigsten Jahrhunderts wurde, schien Andy Warhol eine ganz andere Richtung einzuschlagen. Seine erste Einzelausstellung bestand aus 32 identischen Gemälden weiß-rot-gold-schwarzer Dosen, deren einziger Unterschied in der auf dem Etikett angegebenen Suppensorte bestand (*Campbells Suppendosen*, 1962; Abbildung 19). Das Museum of Modern Art, in dem sich die Bilder heute befinden, hat sie feinsäuberlich in vier enggehängten Reihen von jeweils acht Leinwänden angeordnet, wie eine Riesenseite voller Briefmarken; Warhols ursprüngliche Idee aber war eine ganz andere – oder genauer, es war überhaupt gar keine Idee gewesen: Als er die Bilder im Sommer 1962 an die Ferus Gallery in Los Angeles schickte, wurden sie »nicht als ein einziges Kunstwerk verstanden. Sie sollten zusammen *gezeigt*, aber dann einzeln verkauft werden«.†

---

* Georg Simmel, *Rembrandt*, a. a. O., S. 405.
† Kirk Varnedoe, »Campbell's Soup Cans, 1962«, in: Heiner Bastian (Hrsg.), *Warhol. A Retrospective*, London 2001, S. 41.

Abb. 18: Rembrandt, *Selbstbildnis mit Barett und aufgestelltem Kragen* (1659)

Die langen Nächte schienen von ihm Besitz genommen zu haben; die tändelnden Lüfte, die nagenden, die klammen Brisen, die nestelnden, schienen den Sieg davongetragen zu haben. Die Kasserolle war verrostet und der Läufer zerfallen. Kröten hatten sich hineingeschnüffelt. Müßig, ziellos schwang die Stola hin und her. [...] [D]er Fußboden war mit Stroh übersät; der Putz fiel schaufelweise herab; Sparren wurden bloßgelegt [...].*

* Virginia Woolf, *Zum Leuchtturm* [1927], übers. von Karin Kersten, Frankfurt a. M. 2007, S. 145.

Abb. 17: Rembrandt, Wiener *Selbstbildnis* (ca. 1657)

die Haut des alternden Rembrandt die außergewöhnliche Farbenmischung – gelb, grün, grau, violett, schwarz – des Washingtoner *Selbstbildnis mit Barett und aufgestelltem Kragen* (1659; Abbildung 18). Falls die Zeit eine Farbe hat, muss sie so aussehen: Sie zeigt die Narben und Falten, die Schwellungen, Verbrennungen und Flecken, mit der die Welt Rembrandts Körper gezeichnet hat, wodurch sie die Trennung zwischen Innen und Außen untergrub. Entropie ist das große Gesetz hinter den 88 Antlitzen. Der langsame, unwiderrufliche Verlust der Unterschiede. »Zeit vergeht«: Der Mittelteil von *Zum Leuchtturm* beschreibt den zeitlupenhaften Verfall eines einst eleganten Hauses:

schienen, ein paar scharfe Worte zu sagen, verlieren ihre Anspannung und liegen schließlich ruhig aufeinander; die Augen fordern die Welt nicht mehr heraus, ja scheinen noch nicht einmal mehr »in« die Welt hinauszuschauen; mit ergebener Gelassenheit nehmen sie ihre Umgebung in sich auf. Der Hals wird dicker und verschwindet zwischen den Schultern; das Gesicht sackt in den Körper, *wird* Körper. Die Selbstporträts zeigen »die Kontinuität der fließenden Lebensganzheit«, schrieb Simmel in seiner Studie zu Rembrandt;* dieser Fluss ist ein tiefer, irreversibler Prozess der *Vermischung*. Nehmen wir die Farbe, die in den frühen Selbstbildnissen vorherrscht; die Farbe der Jugend: weiß. Augen, Zähne, Wangen, Hals; ein Körper – und eine Seele? –, der (beziehungsweise die) noch nicht vom Leben berührt wurde.† Mit zunehmendem Alter verwandelt sich Rembrandts Weiß allmählich in ein pastöses Graubraun, während der Gegensatz zwischen Licht und Schatten – der das Gesicht im *Selbstbildnis mit Halsberge* entlang des Nasenrückens zweigeteilt und im *Selbstbildnis mit Halsberge und Barett* eine rätselhafte Gloriole auf die Wange gelegt hatte – an Klarheit zu verlieren beginnt; im Wiener *Selbstbildnis* (ca. 1657; Abbildung 17) oder im Edinburgher *Selbstbildnis mit Barett und aufgestelltem Kragen* (1659) bilden Licht und Schatten keinen Gegensatz mehr. Vermischung, wohin man blickt; und ihr Substrat, das bescheidenste aller Merkmale des Gesichts: die Haut. Um Mund und Augen, auf Nase, Stirn und Wangen absorbiert

---

* Georg Simmel, *Rembrandt. Ein kunstphilosophischer Versuch* [1916], Gesamtausgabe, Bd. 15, Frankfurt a. M. 2003, S. 305–515, hier S. 321.
† Vermeers Weiß ist natürlich noch unbefleckter – man möchte sagen, jungfräulicher – als das Rembrandts. *Kavalier und junges Mädchen*: Halskragen, Kopfputz und Stirn des Mädchens; die Karte und die Wand hinter ihr; und zumal all diese winzigen Details, die ihr Gesicht so unglaublich zum Leuchten bringen: die weißen Tupfer auf ihren Schneidezähnen, ihrer Unterlippe, ihrem Kinn, ihrer Nase ... Dasselbe bei *Das Mädchen mit dem Perlenohrring* (um 1665–1667): die Perle, der Kragen, ihr Augenweiß – sogar noch zwei winzige weiße Punkte in ihren Pupillen!

Abb. 16: Rembrandt, *Selbstbildnis mit Halsberge und Barett* (ca. 1629)

drucks; allein in der Fähigkeit, sie zu *vereinigen*, drückt sich die »Leistung des Geistes« aus und gemahnt uns an »die Seele«. Überragendes Beispiel ist für Simmel die vierzig Jahre umfassende Serie der 88 Selbstbildnisse Rembrandts, die vom jungen Erwachsenenalter bis zum nahenden Tod reicht. Am Anfang des Zyklus stechen noch einzelne Merkmale heraus, als wollten sie sich vom Rest des Gesichts ablösen: Mund, Nase und rechtes Auge im *Selbstbildnis mit Halsberge* (ca. 1629), das Haar in *Selbstbildnis als junger Mann* (1629), Wangen und Lippen im *Selbstbildnis mit Halsberge und Barett* (ca. 1629; Abbildung 16). Im Lauf der Zeit aber tritt die Prominenz dieser isolierten Züge allmählich zurück: Die Lippen, die im Begriff

anspruchsvoll. Man schaut auf seine Marilyn – und auch auf seinen Mao – und hat das Gefühl, dass wirklich alles nur eine Frage des Make-ups ist.

Solange es schwarz ist. Aber ist Make-up in der heutigen Welt jemals »nur« Make-up? »Die Antwort des Kapitals auf die säkulare Stagnation der Märkte für standardisierte Güter am Ende der fordistischen Ära«, schreibt Wolfgang Streeck,

> bestand darin, die Güter weniger stark zu standardisieren. Die Neuausrichtung der Produktpaletten ging nun weit über die jährlichen Abwandlungen von Radkappen und Heckflossen hinaus, die die amerikanischen Autohersteller erfunden hatten, um das Veralten ihrer Produkte zu beschleunigen [...]. Die großen und uniformen Produktserien der industriellen Massenfertigung wurden auf immer kleinere Reihen differenzierterer Unterprodukte heruntergebrochen, um den idiosynkratischen Vorlieben immer kleinerer Gruppen potentieller Konsumenten entgegenzukommen. [...] In den 1980er Jahren waren keine zwei am selben Tag im Volkswagenwerk in Wolfsburg gebaute Fahrzeuge mehr vollkommen identisch.*

Keine zwei identischen Fahrzeuge. Wer weiß, ob Warhol je Henry Fords Scherz über das Model T gehört hat (»Sie können ihn in jeder Farbe haben, die Sie wollen, solange es schwarz ist«); auf jeden Fall hat er sein ganzes Leben genau das Gegenteil getan. Bei ihm gibt es jede Person in jeder gewünschten Farbe, solange es nicht schwarz ist. Seine Produkte sind standardisierter, als kulturelle Formen es je

---

* Wolfgang Streeck, »Bürger als Kunden. Überlegungen zur neuen Politik des Konsums«, übers. von Michael Adrian, in: Heinz Bude/Philipp Staab (Hrsg.), *Kapitalismus und Ungleichheit. Die neuen Verwerfungen*, Frankfurt a. M. 2016, S. 261–284, hier S. 265 f.

waren – immer dasselbe erstarrte Gesicht, dasselbe Standfoto aus *Niagara*, Jahr um Jahr um Jahr –, aber der Einfallsreichtum der Oberflächenvariationen ist von einer Art, dass »Pseudo« es nicht mehr ganz trifft. Mit außerordentlicher historischer Intuition verband Warhols Werk das »fordistische« *und* das »postfordistische« Modell und nutzte letzteres, um ersteres aufzupolieren: immer dasselbe Foto, als seien seine Gemälde ebenso viele Model Ts der 1920er Jahre – aber mit den endlos variierten Extras aus dem Wolfsburg der 1980er. Da Accessoires unabhängig von den Strukturen, deren Teil sie sind, kein Eigenleben zu führen vermögen, könnte man behaupten, dass die Produkte der Factory den Horizont des kulturellen Fordismus, der in der *Dialektik der Aufklärung* beschrieben wird, im Grunde nie transzendiert haben. Das stimmt, verkennt aber die Pointe von Warhols Beitrag zur kulturellen Hegemonie Amerikas: die bestehenden Verhältnisse vorbehaltlos zu akzeptieren (immer dasselbe Foto desselben Gesichts), sie aber so interessant und angenehm wie möglich zu machen (immer noch eine Abwandlung der einen oder anderen Art). Wie die »personalisierten« Extras der postfordistischen Ära verkörpern die farbenfrohen Variationen einer Porträtserie Warhols einen symbolischen »Pakt«, in dem die Ästhetik des Details eine unverhältnismäßig große Rolle bei der Wahrnehmung der heutigen Waren spielt. Das gründliche Verständnis dieser Logik – und ihre Ausbeutung – hat Andy Warhol in den ästhetischen Mittelpunkt jenes Zeitalters des Accessoires katapultiert, in dem wir alle immer noch leben.

Nachweis der Abbildungen

Abb. 2   *Stagecoach (Ringo)*, 1939. United Artists
Abb. 3   Barbara Stanwyck und Fred McMurray in *Double Indemnity (Frau ohne Gewissen)*, 1944. Paramount Pictures
Abb. 4   *Masterson of Kansas (Gangster, Spieler und ein Sheriff)*, 1954. Everett Collection
Abb. 5   *Double Indemnity (Frau ohne Gewissen)*, 1944. Paramount Pictures
Abb. 6   *The Third Man (Der dritte Mann)*, 1947. Selznick Releasing
Abb. 7   *The Lady from Shanghai (Die Lady von Shanghai)*, 1947. Columbia Pictures
Abb. 8   *The Third Man (Der dritte Mann)*, 1947. Selznick Releasing
Abb. 9   Jan Vermeer, *Die unterbrochene Musikstunde* (um 1659–1661), Öl auf Leinwand, 38,7 × 43,9 cm, Frick Collection, New York
Abb. 10 Edward Hopper, *Sunday*, 1926, Öl auf Leinwand, 86,4 × 73,7 cm, The Phillips Collection, Washington, D. C.
Abb. 11 Edward Hopper, *Automat*, 1927, Öl auf Leinwand, 71,4 × 91,4 cm, Des Moines Art Center, Iowa
Abb. 12 Edward Hopper, *Room in New York*, 1932, Öl auf Leinwand, 73,7 × 91,4 cm, Sheldon Museum of Art, University of Nebraska, Lincoln
Abb. 13 Jan Vermeer, *Der Liebesbrief* (um 1669/70), Öl auf Leinwand, 44 × 38,5 cm, Rijksmuseum
Abb. 14 Edward Hopper, *Drug Store*, 1927, Öl auf Leinwand, 101,9 × 73,7 cm, Museum of Fine Arts, Boston, Massachusetts
Abb. 15 Edward Hopper, *Nighthawks*, 1942, Öl auf Leinwand, 84,1 × 152,4 cm, Art Institute of Chicago
Abb. 16 Rembrandt, *Selbstbildnis mit Halsberge und Barett*,

ca. 1629, Öl auf Tafel, 44,4 × 34,2 cm, Indianapolis Museum of Art at Newfields

Abb. 17 Rembrandt, Wiener *Selbstbildnis*, ca. 1657, Öl auf Tafel, 48 × 40,6 cm, Kunsthistorisches Museum, Wien

Abb. 18 Rembrandt, *Selbstbildnis mit Barett und aufgestelltem Kragen*, 1659, Öl auf Leinwand, 84,5 × 66 cm, National Gallery of Art, Washington, D.C.

Abb. 19 Andy Warhol, *Campbell's Soup Cans*, 1962, Synthetische Polymerfarbe auf Leinwand, 51 × 41 cm, The Museum of Modern Art, New York

Abb. 20 Andy Warhol, *Marilyn Diptychon*, 1962, Acryl und Siebdruck, 145 × 205 cm, Tate Gallery of Modern Art, London